# 話しベタさんでも伝わるプレゼン

清水久三子

# はじめに

**▶ どんなにプレゼン嫌いでも話しベタでも乗り越えられる**

「話をするときに、どうしていつもこんなに緊張するんだろう?」

「できれば大勢の人の前で話したくない」

「私は目立ちたくないから人前に出るなんて無理」

「自分には話す才能がないから仕方ない」

本書を手に取っていただいた方はこんな思いを抱いている方が多いと思います。

**かつての私も全く同じ気持ちでした。**本書の中でも書いておりますが、小学生の頃の私は友だちと話すことすら苦手で、先生に指名されても答えがわかっていながら一言も発することができませんでした。社会に出てからもプレゼン業務は緊張から苦手意識がありました。

にもかかわらず、コンサルタントを経て、現在は主にプレゼンに関する講演や研修講師などで年間 100 〜 150 日くらいは登壇の機会をいただいており、話すことは私の仕事の中心です。母も「今のような仕事につくなんて想像もしてなかった」と申しております。

**このように話すことが苦手だった私が、緊張をコントロールして堂々とプレゼンし、相手に理解してもらえるようになったのにはある秘訣があります。**

本書では、その具体的なプレゼンテクニックを紹介させていただきます。プレゼンが上手な人と下手な人の差は、ほんの少しのテクニックや基本のやり方を知っているか、知らないかという違いだということがわかるでしょう。

## ▶ プレゼンができることは自転車に乗れるようなもの

プレゼンで話せるようになることは自転車に乗れるようになることに似ています。

初めは怖いですし、バランスを失い、倒れることもあります。身体のどこをどう使えばいいのかわからず、余計な力が入ってどっと疲れます。しかし、何度か練習をしていくうちに、余計な力みが取れ、補助輪や支えがなくなってもよろけずに乗りこなせるようになります。一度乗りこなせるようになれば、久しぶりに乗っても身体が覚えていますので、自然に行動できます。

話せるようになることはこれと一緒だと思うのです。怖いかもしれないけれど、一定期間の練習で自然にできるようになります。自転車も競輪選手のように高速で走ったり、モトクロスのように難易度の高いコースを走ったり、トライアスロンのように長距離を走るのであればそれ相応のトレーニングが必要です。**プレゼンもプロとして特別なシーンで話すのであれば、それ相応の訓練が必要ですが、そこまでの機会は日常ではあまりないでしょう。**

## ▶ 社内会議や報告会、商談で使えるプレゼンテクニックを紹介

本書では日常の社内会議・報告会・商談をこなすためのプレゼンテクニックから、少し難易度の高いプロ向けのコースを走るためのテクニックも少しだけご紹介しています。自転車に乗れるようになると行動範囲が広がり、スピードが速まるように、**プレゼンが堂々とできるようになることは仕事の範囲を広げ、コミュニケーションの効率を上げることにつながります。**そしてそれは一生ものです。

では本書の構成をご紹介しましょう。

まず、序章では「プレゼン上手ってこうなんだろうな」といういくつかの思い込みや誤解を解いていきます。多くの方はプレゼンに対するハードルを上げているので、誤解が解けて少し気がラクになっていただけるかと思います。

003

1章は、話しベタさんの最大の敵である「緊張」への対策です。緊張をコントロールするための具体的な方法を教えます。緊張を受け入れられるようになるとさらに気がラクになります。

2章は、「話し方」そのものです。難しいことを話す必要はありません。わかりやすい話し方は意外にもシンプルだということがわかるでしょう。

3章は、実は多くの話しベタさんにとって効果のある「聞き手分析」です。相手を知ることで何を話したらいいのかと悩むことがなくなり、話しやすくなります。

4章は、どんな順番で話したらよりわかりやすくなるのかを考える「ストーリーの作り方」です。相手の目線で情報の順番を考える作業が、プレゼン準備の中で最も重要と言えます。構成の立て方を改善するだけで、プレゼン全体が良くなる話しベタさんもいます。

5章は、「質疑応答とトラブルや突破的なことへの対応」です。予期せぬことでもちょっとしたコツで乗り切れます。

6章は、多くの方が時間をかけすぎてしまっている「資料の作り方」です。時間をかけなくてもシンプルで説明をわかりやすく引き立てる資料の作り方をご紹介します。


本書を読んでくださった方が自転車を乗りこなすように、楽しくラクに話せるようになることを願っております。


2019 年 11 月　清水久三子

## 本書内容に関するお問い合わせについて

このたびは翔泳社の書籍をお買い上げいただき、誠にありがとうございます。弊社では、読者の皆様からのお問い合わせに適切に対応させていただくため、以下のガイドラインへのご協力をお願いいたしております。下記項目をお読みいただき、手順に従ってお問い合わせください。

### ▶ ご質問される前に

弊社 Web サイトの「正誤表」をご参照ください。これまでに判明した正誤や追加情報を掲載しています。

正誤表 ……………… https://www.shoeisha.co.jp/book/errata/

### ▶ ご質問方法

弊社 Web サイトの「刊行物 Q&A」をご利用ください。

刊行物 Q&A …… https://www.shoeisha.co.jp/book/qa/

インターネットをご利用でない場合は、FAX または郵便にて、下記"翔泳社愛読者サービスセンター"までお問い合わせください。

電話でのご質問は、お受けしておりません。

### ▶ 回答について

回答は、ご質問いただいた手段によってご返事申し上げます。ご質問の内容によっては、回答に数日ないしはそれ以上の期間を要する場合があります。

### ▶ ご質問に際してのご注意

本書の対象を超えるもの、記述箇所を特定されないもの、また読者固有の環境に起因するご質問等にはお答えできませんので、あらかじめご了承ください。

### ▶ 郵便物送付先および FAX 番号

送付先住所 ……… 〒 160-0006　東京都新宿区舟町 5
FAX 番号 ………… 03-5362-3818
宛先 ………………（株）翔泳社 愛読者サービスセンター

---

※本書に記載された URL 等は予告なく変更される場合があります。
※本書の出版にあたっては正確な記述につとめましたが、著者や出版社などのいずれも、本書の内容に対してなんらかの保証をするものではなく、内容やサンプルに基づくいかなる運用結果に関してもいっさいの責任を負いません。
※本書に記載されている会社名、製品名はそれぞれ各社の商標および登録商標です。
※本書に記載されている情報は 2019 年 11 月執筆時点のものです。

# 本書の使い方

▶ **各章の概要ページ**

まずは、各章の概要を把握しましょう。概要ページを参考に、効率良く自分に必要なところだけ読むこともできます。

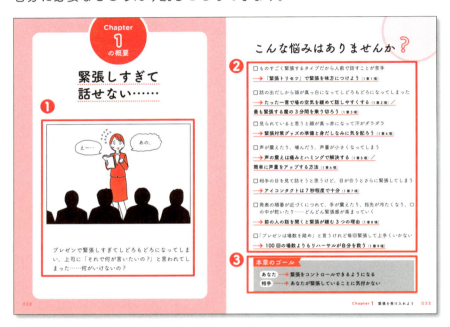

❶ **シチュエーション**

章ごとに話しベタさんの代表的な悩みを掲載しています。共感できたら、その章があなたに必要な証拠です。

❷ **悩みチェックリスト**

具体的な悩みから解決策を探せるので、自分に当てはまる悩みがあれば、その解決策の項目だけ読んでもよいでしょう。

❸ **本章のゴール**

本章のテクニックを実践することで、現在の状況がどう変わるかがわかります。この最終的なゴールを念頭において実践するとスムーズです。

## ▶各テクニックページ

話しベタさんに役立つプレゼンテクニックを掲載しています。前から順番に読んでもよいですし、概要ページで必要だと思った項目だけ読んでも構いません。

## ❹ 悩みアイコン

項目ごとに、話しベタさんの悩みをジャンル別にしてアイコンとして入れています。特に気になるジャンルの項目だけをチェックして読むこともできます。

## ❺ イラスト図解

項目ごとに理解を促すイラストや図解が入っています。解説とともに確認しましょう。

はじめに ──────────────────── 002
本書の使い方 ─────────────── 006
会員特典データのご案内 ──────── 014

## Introduction 話しベタさんの7大勘違い

1. 「プレゼン＝自分が主役」ではない ──────── 016
2. 話し上手にまつわる誤解 ──────────── 018
3. 1対1の社内会議も立派なプレゼンの場 ────── 020
4. 論理性よりも大事なことがある ────────── 022
5. プレゼンが苦手な人はあなただけではない ──── 024
6. 一番時間をかけるべき準備は資料ではない ──── 026
7. プレゼンが上手くいかない本当の理由 ─────── 028

Column ボイストレーニングのすすめ ─────── 030

# Chapter 1 緊張を受け入れよう

**Chapter 1 の概要**
緊張しすぎて話せない……　———— 032

1. 「緊張トリセツ」で緊張を味方につけよう ———— 034
2. たった一言で場の空気を緩めて話しやすくする ———— 038
3. 最も緊張する魔の3分間を乗り切ろう ———— 040
4. 緊張対策グッズの準備と身だしなみに気を配ろう ———— 042
5. 声の震えは痛みとハミングで解決する ———— 044
6. 簡単に声量をアップする方法 ———— 048
7. アイコンタクトは7秒程度で十分 ———— 050
8. 前の人の話を聞くと緊張が緩む3つの理由 ———— 054
9. 100回の場数よりもリハーサルが自分を救う ———— 056

**Column　なくて七癖** ———— 058


# Chapter 2 話し方を変えるだけで聞いてもらえる

**Chapter2 の概要**
どうして私の意見は採用されないの？　———— 060

1. 力強い言葉を使って主張しよう ———— 062

2 話し方にリズムを出して、聞きやすさを上げよう —— 064

3 敬語を正しく使おう —— 068

4 クッション言葉を使ってみよう —— 070

5 話し方をポジティブな印象にする —— 072

6 相手にとっての意味をプラスして納得感アップ —— 074

7 相手を迷子にしないように話そう —— 076

8 読むだけで済むスライドを作ろう —— 078

9 説明の3つの型に当てはめるだけで伝わる —— 082

**Column 読み聞かせは間と抑揚のトレーニング** —— 084

## Chapter 3 話しベタさんに必須の 聞き手分析

### Chapter3 の概要
**何を報告したらいい？** —— 086

1 プレゼン全体の目的とゴールを決めよう —— 088

2 頼まれたプレゼンには「聞き手分析」が必須 —— 092

3 聞き手に直接確認できない場合には過去から学ぶ —— 096

4 相手の期待値と内容レベルをすり合わせよう —— 098

5 相手からの反論を意識しておこう —— 102

6 全員を納得させるために事前に相談しておこう ——— 104

Column 話し上手な人はどんなことをしている? ——— 106

# Chapter 4 話の材料と筋道で9割決まる

## Chapter4 の概要
### 商談でお客さまが乗り気じゃない ——— 108

1 ピラミッドで整理して主張と根拠をそろえよう ——— 110

2 ストーリーの型を使ってメッセージを伝えよう ——— 114

3 選択肢を用意して決めてもらおう ——— 118

4 ストーリーに意外性を持たせよう ——— 120

5 相手の疑問を解消する筋道構成パターンを使おう ——— 122

6 説得力を生む一次情報と二次情報を探そう ——— 126

7 情報の一軍、二軍を決めよう ——— 130

8 相手がリアルに想像できる表現をしよう ——— 132

Column ストーリー作りには悪役が必要 ——— 134

# Chapter 5 Q&Aの準備でアドリブも怖くない

**Chapter5 の概要**
会場からの質問に頭が真っ白 ———— 136

1 質問は攻撃ではなく理解を深める機会と考えよう ———— 138
2 20個の質問シミュレーションで乗り切れる ———— 140
3 まずは質問を「答えるかどうか」で仕分けよう ———— 144
4 答えを考える時間を確保しよう ———— 148
5 質問の受け方からまとめまでの型を知ろう ———— 152
6 相手の意図に合わせて対応を決めよう ———— 154
7 事前確認とトラブル対応を準備しておこう ———— 156
8 司会進行とパネリストは役割を認識しよう ———— 158

**Column** プレゼン失敗のショックから抜け出す方法 ———— 160

# Chapter 6 資料作りはこれだけ押さえればOK

**Chapter6 の概要**
やっと完成させた資料なのにダメ出しされた ———— 162

1 ストーリーボードで二度手間をなくそう ———— 164
2 4つのスタイルで効率良く進めよう ———— 168

3 1スライド1メッセージにしよう ── **170**
4 基本の4つのグラフを使おう ── **172**
5 図解はパターン化して使い回そう ── **182**
6 色は基本2色で十分 ── **186**
7 イラストは用途によって使い分ける ── **188**

おわりに ── **190**

## 会員特典データのご案内

**会員特典データは、以下のサイトからダウンロードして入手なさってください。**

https://www.shoeisha.co.jp/book/present/9784798162386

※会員特典データのファイルは圧縮されています。ダウンロードしたファイルをダブルクリックすると、ファイルが解凍され、ご利用いただけるようになります。

●注意

※会員特典データのダウンロードには、SHOEISHA iD（翔泳社が運営する無料の会員制度）への会員登録が必要です。詳しくは、Web サイトをご覧ください。

※会員特典データに関する権利は著者および株式会社翔泳社が所有しています。許可なく配布したり、Web サイトに転載することはできません。

※会員特典データの提供は予告なく終了することがあります。あらかじめご了承ください。

●免責事項

※会員特典データの記載内容は、2019 年 11 月現在の法令等に基づいています。

※会員特典データに記載された URL 等は予告なく変更される場合があります。

※会員特典データの提供にあたっては正確な記述につとめましたが、著者や出版社などのいずれも、その内容に対してなんらかの保証をするものではなく、内容やサンプルに基づくいかなる運用結果に関してもいっさいの責任を負いません。

※会員特典データに記載されている会社名、製品名はそれぞれ各社の商標および登録商標です。

# Introduction

## 話しベタさんの
## ７大勘違い

# 1

緊張を
やわらげたい
理解して
もらいたい
適切な言葉で
伝えたい
要領良く
こなしたい
説得したい
ミスを
防ぎたい

# 「プレゼン＝自分が主役」ではない

## ▶ 自意識過剰になっていませんか？

　この本を手に取ってくださったあなたは、おそらくプレゼンが苦手な方でしょう。では、なぜ苦手なのかを考えてみてください。

> 「恥ずかしい思いをしたくない」「緊張がつらい」「失敗したくない」
> 「目立ちたくない」「話すのが下手だと思われたくない」
> 「厳しい評価をされたくない」「批判されたくない」

　こんなところが挙がるのではないでしょうか？
　上に挙げた考えの主語は「私」です。自分に意識が向きすぎている自意識過剰の状態です。自分のことを意識しすぎて言動に悪い影響が出てしまうとなると、ちょっとおかしいような気がしてきませんか？
　**自意識過剰になりそうなときに思い出していただきたいのが「他人だって自分のことで頭がいっぱい」ということです。**
　私が行う研修で、1人ひとり発表してもらうものがあります。皆さん一様に「すごく緊張しました。手が冷たいし、唇が乾いて声が震えました」と言いますが、他の人は「全然わからなかった」と言います。
　自分が思っているほど、周りの人は注意深く見ているわけではありません。むしろ自分が何を話そうかと考えている人も多いのです。
　**そのように考えて深呼吸して肩の力を抜くと、自然体の自分を取り戻せるでしょう。**

### ▶ プレゼンの本当の意味

プレゼンテーションの語源はご想像の通り「プレゼント」で、つまり相手への贈り物です。**相手へのプレゼントですから、自分ではなく相手のことを考えるべきです。**相手の興味関心や、相手の期待、相手に届ける方法、相手を喜ばせる方法……。そういったことを考えるのがプレゼンなのです。自慢したり、ましてや何かを押しつけたりする場ではありません。

自意識過剰になっていると、自分中心に考えたプレゼンになり、失敗が重なって「人前に出るのは苦手だ」「自分は話すのが苦手だ」と勝手に苦手意識を募らせてしまいます。この苦手意識は、結局は自分が傷つきたくないということの表れではないでしょうか？

私はかつて本当にプレゼンが苦手でしたが、あるとき自分がどう見えるかよりも、お客さまのことを常に考えて報告会を行いました。**いつもより緊張せず、とても好意的に受け止められた**経験から、それ以降は苦手意識がなくなりました。自分から相手へと意識を移すことは、プレゼン苦手意識から一歩前進することにつながります。

〈プレゼンの考え方〉

Introduction　話しベタさんの7大勘違い　017

# 2

 緊張をやわらげたい  理解してもらいたい  適切な言葉で伝えたい  要領良くこなしたい  説得したい  ミスを防ぎたい

# 話し上手にまつわる誤解

## ▶ その話し上手のイメージは本当？

あなたが目指す「話し上手な人」は具体的にどんなイメージですか？間違ったイメージは遠回りや、失敗につながります。いくつかの間違っていると思われるイメージを払拭しましょう。

### ・話し上手は立て板に水のごとし？

話しベタな人は流暢に話すことに憧れを持つ人が多いと思いますが、必ずしも流暢な話し方＝伝わる話し方ではありません。流暢な話し方は、よどみがなさすぎるために聞き流されてしまうこともあります。下手をすると心がこもっていない、独善的、胡散臭いと思われてしまうリスクもあります。大切なのは相手が理解してくれるのか、そして好感や共感を持つのかです。**流暢であることを目指す必要はないのです。**

### ・話し上手は持って生まれた才能である？

「口から先に生まれてきた」などという言葉がありますが、おしゃべりが好きなことと、話が伝わるかどうかは別物です。思いついたことを話すだけでは話題が飛んでしまい、相手は理解できません。無駄な情報が多いほど、相手に理解するための負担をかけることになります。必要な情報だけを選び出して伝えることが必要です。**おしゃべり好きである必要は全くないのです。**

・話し上手はアドリブが得意？

　テレビ番組では、当意即妙のやりとりがありますが、多くの場合、番組の台本があり、各自の持ちネタがあり、リハーサルも行っています。同様にプレゼンが上手い人は入念に準備をしています。ツカミの一言やジョークなども相手や状況を考えた上でのものです。**たとえ、気が利いた一言を言えないからといって落ち込む必要は全くありません。**準備をしっかりとするうちにとっさの一言が出てくるようになります。

・話し上手のプレゼンにはエンターテインメント性が大事？

　スティーブ・ジョブズやTEDのスピーカーなどのエンターテインメント性の高いプレゼンがベストのように扱われることが多々あります。世界をガラッと変えるような商品やサービスを発表する場では有効かもしれませんが、**報告や提案をする相手がエンターテインメント性のあるプレゼンを望んでいるわけではありません。**大仰なジェスチャーを真似しても、それが自分のスタイルや話す内容と合っていなければ無意味です。もちろん参考になるテクニックは多いですが、まずは本書の話しベタさん向けのテクニックを取捨選択して身につけましょう。

〈話し上手になるには？〉

Introduction　話しベタさんの7大勘違い

# 3

 緊張をやわらげたい
 理解してもらいたい
 適切な言葉で伝えたい
 要領良くこなしたい
 説得したい
 ミスを防ぎたい

# 1対1の社内会議も立派なプレゼンの場

## ▶大勢の前だけがプレゼンではない

　プレゼンというと大勢の前でパワーポイントのスライドを駆使して話す……というシーンをイメージされる方も多いと思いますが、**実は部門会議の発表も、1対1のミーティングもプレゼンです。**もっと言ってしまえば、友人や家族に対して自分の考えや気持ちを伝えたいとき、要求や依頼をするときもプレゼンと考えてよいでしょう。

　例えば家電を買うために家族を説得するとしたら、これも立派なプレゼンです。今、自分が困っていること、家族や自分にもたらされるメリット、費用対効果……などの主張と根拠を説明し、家族に快く認めてもらう必要があるからです。

　「大勢の前でプレゼンをする機会はないから、プレゼンスキルはいらない。別に向上させる必要はないな……」と思われているとしたら、それは仕事や日常生活で残念なことになっているかもしれません。

　私はむしろ、1対1の会議の方が臨機応変さも求められるため、緊張することが多いです。**人数の多さ少なさに限らず、人前で話すということはプレゼンなので、スキルを上げておくに越したことはありません。**

## ▶プレゼンの機会は今後さらに増えていく

　それでも人前で話す機会を避けたいと思うかもしれませんが、プレゼンの機会は望まなくても増えてきます。

　まず、年齢を重ねて立場や役割が変化すると、人前で話す機会を避け

て通れない状況が増えます。部門のメンバーの前で話す機会、お客さまの前で話す機会、懇親会などで挨拶やスピーチをする機会など若い頃よりも確実に増えます。

　また、かつての終身雇用だった時代と比べ、異業種の方や外国人の方など、前提認識や共有情報が異なる方々と仕事をする機会も増えてきました。「察するべき」という阿吽の呼吸では仕事は進まないのです。

　プレゼンへの苦手意識を払拭し、自分の考えをしっかりと伝えられるようになると、日常生活もラクになっていきます。**私は小学生の頃、授業中に当てられると答えがわかっていても話せないくらい、人前で声を発することすら苦手**という状態で、友だちにもあまり意見が言えず、学校生活自体が苦痛でした。徐々に話せるようになるにつれ、自分がしたいことが通るようになり、学校生活がとても楽しくなっていきました。

　これは会社でも同様でしょう。プレゼンスキルはポータブルスキルと言われます。ポータブルスキルとは「業種や職種が変わっても通用する持ち出し可能な能力」という意味です。**一生もののスキルとして身につけておきましょう。**

〈プレゼンスキルが役立つ機会〉

| 日常生活 | 会社 |
| --- | --- |
| <br>・友だちや家族に意見を言う／説得する<br>・相手の質問に的確に答える<br>・結婚式でスピーチをする　など | <br>・部門のメンバーの前で報告<br>・お客さまの前で提案<br>・懇親会などで挨拶やスピーチをする<br>・異業種や海外の方に説明する<br>・就活生への会社説明会など |

 **プレゼンスキルは一生役立つ！**

緊張を　理解して　適切な言葉で　要領良く　説得したい　ミスを
やわらげたい　もらいたい　伝えたい　こなしたい　　　　　　防ぎたい

# 論理性よりも大事なことがある

## ▶論理的に話せばOKとは限らない

「自分は論理的（ロジカル）に話せないから、相手を説得できない」と思う方は多いのではないでしょうか？　人は理屈だけでは動かないということは皆さんもご承知の通りです。**古代ギリシャの哲学者アリストテレスは人を説得し、動かすためには「信頼＝エトス」、「感情＝パトス」、「論理＝ロゴス」の3つの要素が重要だと言いました。**

## ▶まずは信頼（エトス）がベース

まず、ベースになるのは信頼（エトス）です。信頼していない人の言う通りに動こうとは思わないでしょう。信頼されるには自信のある態度だけではなく、謙虚さや素直さ、礼儀正しさなども必要です。これらは日頃の行いや仕事ぶりの中で築くことができます。また、本書3章で紹介する聞き手分析も相手のことを考えることになりますから、信頼構築につながります。聞き手分析は話しベタな人には必須です。

## ▶共感を生み出す感情（パトス）が必要

次の感情（パトス）は熱意や熱心さなど共感を生み出す力のことです。**元気よく、情熱的な方がよいと思われるかもしれませんが、共感を呼ぶのはそれだけではありません。**むしろ謙虚で静かな熱意の方が好意的に受け止められることもあるくらいです。1章でご紹介する緊張との向き合い方は、自分の感情をコントロールすることでもあり、自分らしい熱

意を伝えることができるようになります。熱意の示し方は人それぞれです。自分らしい伝え方ができればよいのです。

### ▶論理的（ロゴス）な話し方は訓練すればできる

説得力のある話し方において、論理的な話し方は３つの要素のうちの１つにすぎません。論理的な話し方は訓練で最も習得しやすいと言えます。本書でも話し方やストーリーの作り方などで論理的に伝えるテクニックをご紹介しますが、それほど難しいことではありません。**論理的な説得が得意と言われているコンサルタントも、多くは論理的な説明の型を知っているだけです。**

### ▶目指すのは論破ではなく共感

説得というと論理で相手をやり込める「論破」を思い浮かべる方もいると思います。論破は時間が経つにつれ、相手が反感を持ったり、別の人の意見に翻ってしまったりすることもあります。目指してほしいのは「共感」してもらうことです。共感を第一に考えれば、話すことへの抵抗も減り、好きになってくるのではないでしょうか？

〈人を動かす３つの要素〉

# 5

 緊張を
やわらげたい
 理解して
もらいたい
適切な言葉で
伝えたい
 要領良く
こなしたい
 説得したい
 ミスを
防ぎたい

# プレゼンが苦手な人は
# あなただけではない

## ▶ プレゼンが苦手なのは国民性？

　よく日本人はアメリカ人と比べてプレゼンが苦手と言われます。約7割の人が苦手意識を持っているという調査結果もあります。

　国民性というと人種や性格に起因すると思われそうですが、これは文化や教育が背景にあると考えた方がよいでしょう。多民族国家のアメリカと異なり、島国の日本では理解するための対話や主張よりも、察することが求められる文化だったという背景があります。

　**この文化的背景によって、教育も異なります。**私には娘がおり、放課後はインターナショナルスクールの学童に通わせていたのですが、そこでは「Show & Tell」というスピーチの時間がほぼ毎日ありました。これはアメリカの学校ではお馴染みのもので、自分のお気に入りのものをクラスメートにすすめる時間です。スピーチは「私が今好きなのは〇〇です。理由は3つあり……」という決まった型があり、子どもたちはそれに沿って準備してきます。質疑応答の時間もあり、話に興味を持った子どもが多いほど、良い発表ということになります。これはまさにプレゼンの訓練です。**アメリカではこれを幼いときからやっているため、自然とプレゼンへの苦手意識がなくなっていくのでしょう。**

## ▶ IT業界では5分間プレゼンによってスキルを上げている

　IT業界では「ライトニングトーク」と呼ばれる持ち時間5分という短時間のプレゼンがカンファレンスや社内でよく行われるようになってき

ました。技術や事例動向に加え、前述の「Show & Tell」のような興味のあることなどについて話すこともあります。

　エンジニアはプレゼンが苦手という方が多い職種の1つではありますが、**ある IT 企業で毎週ライトニングトークを全社員で継続したところ、話すことに苦手意識を持った人がいなくなったそうです。**私が、「皆さんとても話すのがお上手ですね」と言ったところ、事務局の方は「始めた頃は本当にひどかったんです。5分間話せない人も多く、内容や構成も全然ダメで聞いている方も苦痛だったのですが、1か月経った頃から上達し、気付いたら皆プレゼンが得意になっていたんです」と言われました。

　たった5分でも機会を重ねることは大きな上達につながります。ストーリー構成や話し方などのプレゼンスキルが向上するのももちろんですが、話すことへの抵抗感がなくなることは大きいでしょう。話しベタな人は話す機会自体が少ないことも多く、たまにある機会で失敗してしまい苦手意識を持ちやすいのです。**準備して機会を重ねることで話すことは上達すると思ってください。**

〈プレゼンの苦手意識調査〉

ベース：プレゼンテーションを行う機会があると回答した人／ n=297
出所：インテージ知るギャラリー（2017年）をもとに作成　https://www.intage.co.jp/gallery/purezen/

Introduction　話しベタさんの7大勘違い　025

# 6

  適切な言葉で伝えたい  要領良くこなしたい  説得したい  ミスを防ぎたい

# 一番時間をかけるべき準備は資料ではない

## ▶ 資料は本当に必要か？

「プレゼン準備＝スライド作成」と思われている人は多いと思います。しかし、資料はあくまでも理解を助けるためのものであり、資料はプレゼンのメインではありません。

パワーポイントを駆使しているイメージが強い外資系企業でも、**最近ではパワーポイントの資料を禁止するところも増えてきました。**理由としては、コピー＆ペーストで作成できるため冗長になりがちで、説明に時間が取られすぎて、肝心の話し合いの時間が十分に取れないからです。

パワーポイントはたくさんの機能があるため、凝ろうと思えばきりがありません。下手をすると話し方を練習する時間がなくなります。また資料のボリュームが増えれば、それだけ説明が難しくなります。

英語ではプレゼンにおけるパワーポイント資料のことを「ビジュアルエイド」という言い方をします。これは「理解を助ける視覚的なもの」という意味です。つまり資料がなくても話が伝わるのであれば資料は作成不要です。ホワイトボードに重要なことを書くだけでも、箇条書きの1枚の資料で話してもよいのです。

## ▶ パワーポイントに向かう時間を減らそう

資料作成よりも時間をかけるべきことはたくさんあります。**まずは聞き手をしっかりと分析することです。**相手の期待や知識を把握せずにプレゼンが成功することはありません。私のところに寄せられるお悩みや

相談は「わかりやすい資料を作るにはどうしたらよいか？」ということが多いのですが、「相手はどんな人で、何を期待してますか？」と聞くと答えられない人が多いのです。そうすると、当然ながらわかりやすい資料の方針が決まりません。

**次に時間を割くべきは、メッセージやストーリー作りです。**パワーポイントで作りながら考える人もいるかもしれませんが、あまりおすすめしません。パワーポイントは表現のツールであるため、構成を考えるのには向いていないのです。しっかりと考えているつもりでもいつの間にか、どういう形や色にしようかなど表現の方に気が向いてしまいます。

**そして、最後はリハーサルです。**リハーサルは資料を完全に仕上げる前にやってみましょう。大体のストーリーができてスライドの概要ができたところで、声を出して説明してみるのです。資料が完璧に仕上がってから話すよりも、説明しにくいところや話しにくいところがわかり、効率的に資料を仕上げることができます。資料の微修正で完成度を上げるのはリハーサルを完璧にした後にしましょう。

本書で資料作成以外の準備をしっかりとしてみてください。一度やってみると、そうでないときとの違いがわかると思います。

〈資料作成≠プレゼン準備〉

**パワーポイント資料は理解を助ける視覚的なもの**

1枚の箇条書き資料でもよい　　A4　　ホワイトボードでもよい

**プレゼン準備に時間を割こう**

①聞き手分析　　②メッセージ・ストーリー構成　　③リハーサル

Introduction　話しベタさんの7大勘違い　　027

# 7

 緊張を
やわらげたい

 理解して
もらいたい

適切な言葉で
伝えたい

 要領良く
こなしたい

説得したい

 ミスを
防ぎたい

## プレゼンが上手くいかない本当の理由

### ▶ 真似たスタイルは自分に合っているのか？

　ここまででプレゼンが上手くいかない理由の多くはおわかりいただけたのではないでしょうか？

> **プレゼンが上手くいかない理由**
> ・自分が主役だと思い込み自意識過剰になっている
> ・話す訓練をしてきていない
> ・リハーサルをせずに資料作成に注力している
> ・話し上手について誤解している

　これまでに挙げた主な理由以外に、もう１つ重要な理由があります。**「目指す姿の設定が間違っていること」**です。序章２項でも説明しましたが、「良いプレゼンはこういうものだ」という決めつけは、自分の持ち味と合わなければ間違った方向に努力することになってしまいます。話すことに抵抗感や嫌悪感がある人は、もしかすると真似たスタイルが自分に合っていないのかもしれません。

　私はコンサルタントになったとき、話し慣れている人たちを見て「こういうイメージが求められているのか」と思い、その話し方や言葉遣いなどを真似するようになりました。いつも「相手にこれで確実に伝わっている」という確信が持てず、居心地の悪さを感じていました。しかしある日、尊敬する方に「自分の言葉で、自分のやり方で伝えなければ相

手は動かないよ」と言われてハッと気が付いたのです。

　それからは自分の伝えたいことを考え、上手い人のやり方を真似るときでも、自分に合っているのかどうか、一番内容が伝わる良いやり方なのかを考えて取捨選択するようにしたのです。すると徐々に自分のスタイルができてきて聞きやすいと言われるようになってきました。

### ▶ 自分のスタイルを作ろう

　**本書でも様々なテクニックをご紹介していますが、それらを取り入れるときに「本当に自分に必要か」を考えてみてください。**まずは試していただいてもちろんよいのですが、「自分の伝え方」にこだわることが結果的に苦手意識をなくすことに一番効くのです。

　自分の伝え方のスタイルは奇をてらったものである必要はありません。派手なパフォーマンスやマシンガントークで相手を元気づけるプレゼンが得意な人もいれば、とつとつと話すことで相手の共感を得るプレゼンを得意とする人がいてもよいのです。**自分の伝え方はこれだと思えたときに、話すことへの苦手意識がなくなっていると思います。**本書で紹介する様々なやり方を試していただきながら、自分の伝え方のスタイルを作り上げていってください。

〈人真似をするときの正しいやり方〉

**STEP1**　「本当に自分に必要か?」と考える

**STEP2**　伝え方を真似る

**STEP3**　伝わっていれば取り入れる

 **1〜3を繰り返し、伝え方のスタイルを確立する**

## Column

# ボイストレーニングのすすめ

　私は低めの声で音域も狭かったので、カラオケで高いキーの曲を歌いたいと思ってボイストレーニングを始めました。1か月に一度1時間のレッスンで、自宅で練習することもほとんどないのですが、3、4回通ったところで話し方が大きく変わりました。

　まず教えてもらったのが、身体は楽器だということ。喉で声を出すのではなく、身体のあちこちに共鳴させて音を出すのです。鼻の頭に共鳴させたり、肋骨に共鳴させたりといろいろな方法を教わったところ、大きく通る声がラクに出せるようになりました。喉を使わないので、研修で長時間話しても声がかれなくなりました。滑舌を良くするハミングもボイトレの先生から教えていただいたテクニックです。

　また、話し方に大きく影響したのは様々なタイプの歌を練習したことです。初めに歌詞の解釈を話した上で、そのイメージの声を出すための練習をしました。顔の筋肉の使い方や、表情、手の使い方も声に影響を与えます。ビジネスで話す内容でも、良い話もあれば、良くない話もあります。エピソードを話すときにはリアリティーを感じてもらう必要もあります。そういったときにボイトレで学んだことはとても効果があったようです。

　ボイトレを始めたときは、仕事に良い影響があるとは予想していなかったのですが、講師をしていく上で大きな財産になったと思っています。また、最近、ボイトレは美容にも良いと言われているそうです。顔の表情筋を動かすことで小顔になったり、感情を表現することで表情が豊かになったり、気持ちが解放されるなどの効果があるとのこと。

　歌だけでなく、話し方や美容にも良いので、もし興味があればボイトレにもぜひチャレンジしてみてください。

# Chapter

# 1

## 緊張を受け入れよう

## Chapter 1 の概要

# 緊張しすぎて話せない……

プレゼンで緊張しすぎてしどろもどろになってしまい、上司に「それで何が言いたいの？」と言われてしまった……何がいけないの？

# こんな悩みはありませんか❓

☐ ものすごく緊張するタイプだから人前で話すことが苦手

**⋯➔ 「緊張トリセツ」で緊張を味方につけよう**（1章1項）

☐ 話の出だしから頭が真っ白になってしどろもどろになってしまった

**⋯➔ たった一言で場の空気を緩めて話しやすくする**（1章2項）／
**最も緊張する魔の3分間を乗り切ろう**（1章3項）

☐ 見られていると思うと顔が真っ赤になって汗がダラダラ

**⋯➔ 緊張対策グッズの準備と身だしなみに気を配ろう**（1章4項）

☐ 声が震えたり、噛んだり、声量が小さくなってしまう

**⋯➔ 声の震えは痛みとハミングで解決する**（1章5項）／
**簡単に声量をアップする方法**（1章6項）

☐ 相手の目を見て話そうと思うけど、目が合うとさらに緊張してしまう

**⋯➔ アイコンタクトは7秒程度で十分**（1章7項）

☐ 発表の順番が近づくにつれて、手が震えたり、指先が冷たくなり、口の中が乾いたり……どんどん緊張感が高まっていく

**⋯➔ 前の人の話を聞くと緊張が緩む3つの理由**（1章8項）

☐ 「プレゼンは場数を踏め」と言うけれど毎回緊張して上手くいかない

**⋯➔ 100回の場数よりもリハーサルが自分を救う**（1章9項）

### 本章のゴール

**あなた** ⋯➔ 緊張をコントロールできるようになる

**相手** ⋯➔ あなたが緊張していることに気付かない

**Chapter 1** 緊張を受け入れよう **033**

**1** 緊張を やわらげたい 理解して もらいたい 適切な言葉で 伝えたい 要領良く こなしたい 説得したい ミスを 防ぎたい

# 「緊張トリセツ」で
# 緊張を味方につけよう

### ▶ 緊張はなぜ起きるの？

あなたは緊張するとどのような状態になりますか？

私は大勢の前で話す講演や経営者への報告が近づくと、1か月くらい前から身体が硬くなって肩こりがひどくなり、胃痛や食欲不振になり、眠れなくなります。直前には指先がひんやりと冷たくなり、口の中が乾いてきます。

本番が始まると背中や脇に汗が吹き出たり、声が震えて上ずったり、手や足が震えてきて、顔が赤くなります。顔がひきつり、しどろもどろになったり、早口になってしまったりと緊張症状のオンパレードです。

これらの症状を起こしているのはノルアドレナリンという脳内物質で、実は恐怖や不安と戦うために集中力を高めて自分の能力を普段以上に引き出す役割を持っています。**緊張イコール良くないものだと思われるかもしれませんが、実は自分を助けてくれる**ものなのです。能力が引き出されている状態でもあるのです。

### ▶ 緊張があなたの普段以上の力を引き出す

家でリラックスしているような心身の状態の人の方が上手くプレゼンできるかというと、そうではありません。私は多くの方のプレゼンや会議での発表を見てきましたが、「緊張しないし、適当に話すから大丈夫」と言っている方は実は相手にきちんと伝わっていない独りよがりのプレゼンになってしまっていることが多いのです。

本来は緊張すべきシーンで緊張しないということは、せっかくの機会を軽く考えているか、本気で取り組んで失敗することを怖がってしまい、あえて適当にやり過ごそうとしているのではないでしょうか？　これでは相手に伝わらないですし、自分の成長もないでしょう。

　**緊張するということはその機会を重要な場と捉え、それに向けて意識や身体が準備に入っているということなのです。**経営者でもプロのスポーツ選手でも緊張しない人はいません。緊張があるからこそ普段以上の能力が引き出されているのです。

〈緊張はノルアドレナリン効果で戦闘モードになっている証拠〉

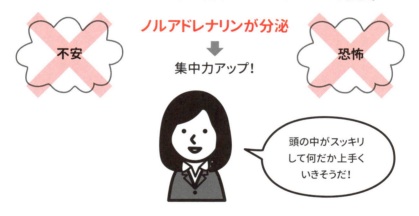

▶ 「私の緊張トリセツ」を作る

　緊張が必要なものだとはいえ、しどろもどろになりすぎて相手に全く伝わらなかったら困りますね。

　実は緊張は排除するのではなく、コントロールすることで上手くいきます。コントロールに慣れていないと緊張が暴走してしまい、ますますコントロール不可能になってしまいます。発表やプレゼンが苦手な方の多くは、毎回緊張が暴走したまま終わってしまう経験から「やっぱり無理……」と自信を失っているのです。自信がなくなると、ますます緊張のコントロールができないという悪循環に陥ります。

==緊張のコントロールをするのにおすすめなのは、自分の緊張取扱説明書である「緊張トリセツ」を作っておくことです。==自分の緊張の症状をまずは洗い出してみます。症状がわかれば、症状を緩和する準備や対策ができます。話しベタな人は緊張の症状が出ると、「ああ、緊張している。もうダメだ……」と気持ちが負けてしまって失敗することが多いので、準備や対策をしておくことで「緊張してきたけど大丈夫！」と自分を落ち着かせることができ、自信を持って話すことができます。

　緊張を洗い出したら、本章を参考にして緊張トリセツを作ってみてください。図はトリセツの例です。症状と本章のテクニックをもとに自分で考えた対策を図のようにまとめてみましょう。


〈私の緊張トリセツ〉

|  | |  |
| --- | --- | --- |
| **症状** | **出だしで頭が真っ白になってしまう** → | 対策1：魔の3分間を乗り切るために　　　　出だしを10回練習する<br>対策2：資料の初めにまとめページを作っておく |
| **症状** | **手足が震える** → | 対策1：ハンカチを握りしめる<br>対策2：肩に力を入れて上げてストンと落とす |
| **症状** | **汗が吹き出る** → | 対策1：スーツにパッドをつけておく<br>対策2：ハンカチは2枚準備しておく |
| **症状** | **顔が赤くなり、表情がこわばる** → | 対策1：ハミングで顔の筋肉をほぐしておく<br>対策2：鏡の前で表情を作りながらリハーサルしておく |
| **症状** | **声が震えたり、噛んだりしてしまう** → | 対策1：ハミングで滑舌を良くしておく<br>対策2：始まる前に声出ししておく |

　第1章の中で具体的な緊張対策テクニックを紹介していきますが、このトリセツは自分だけのものです。自分で見つけ出したものも追加していきましょう。

036

「手のひらに『人』という字を3回書いて飲み込む」など都市伝説化している緊張対策が合う人もいれば、全く効果がない人もいます。"私の"トリセツであることが大切なのです。

　**緊張はチャレンジしている証しでもありますから、緊張は決してなくさなければいけないものではありません。** 話の上手い方や実績のある人でも自分なりの緊張のコントロール方法を持っています。「私の緊張トリセツ」を用意して緊張に翻弄されずに安心してプレゼンに臨みましょう。

〈トリセツに載せるものはアップデートする〉

**① トリセツに悩みを書く**

**② トリセツに解決策を書く**

**③ 試してみる**

効果あり→トリセツに残す
効果なし→トリセツから消す

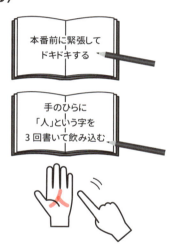

## ▶緊張トリセツの解決策の探し方

　緊張トリセツの解決策が見つからないときは、他の方が何をしているのかを聞いてみましょう。**私はプレゼンが上手い上司や先輩に「プレゼン前に何をしているのか」をよく聞いていました。**

　いつも説得力のあるプレゼンをするある方は「自分はパワフルギバー（強い影響力を与える存在）だ」と鏡の前で唱えるそうです。また、プレゼン前に集中力を高めるために盛り上がる曲を聴く人と、逆に静かな曲を聴く人がいました。こうして解決策を教わるうちに「緊張するのは自分だけではない」ということもわかり、安心してきます。

Chapter 1　緊張を受け入れよう　037

# 2

 緊張を やわらげたい
 理解して もらいたい
 適切な言葉で 伝えたい
 要領良く こなしたい
 説得したい
 ミスを 防ぎたい

## たった一言で場の空気を緩めて話しやすくする

▶ **本題に入る前に話すべきことがある**

　ピーンと張り詰めた空気の中で話す……考えただけで私でも緊張してきます。**話しはじめる前に場の空気を温めておくことでグッと話しやすくなります。**

　落語やお笑い番組の収録などで前座（ぜんざ）と呼ばれる人がいます。これは主役が出る前に軽いトークをして客席の雰囲気を良くする役割を果たしています。仕事のプレゼンで前座の人を用意するのは無理かもしれませんが、自分で場を和ませてから本題に移るとグッと話しやすく、自分自身の緊張もほぐれてきます。場の空気に圧倒されて頭が真っ白になってしまう人も多いので、まずは場を温めてから話すことを心がけてみましょう。

　やり方としては、本題に入る前に簡単な世間話を相手に振ってみるとよいでしょう。例えば図のように、たった一言でよいのです。

〈本題に入る前に場を和ませる話の振り方〉

**社外プレゼンの場合**

　「今朝はひどい雨でしたね。いつも以上に混んでいませんでしたか？」
　「こちらのオフィスはとても洗練されていますね。皆さん働きやすいのではないですか？」
　「〇〇プロジェクトは佳境に入ったと聞きましたがいかがですか？」

> **社内会議や1人の相手に説明する場合**
> 「昨日のサッカーの試合は良かったですね！」
> 「今朝のニュースは驚きましたね」
> 「昨日のA社のプレスリリース、かなり反響があったみたいですね」

### ▶質問に対する回答ゼロへの対策

　このように相手を気遣うような質問や話を振ることで、相手も答えやすく場が温まり、自分も話を切り出しやすくなってきます。

　相手が大勢の場合、「質問して誰も返事をしてくれなかったらどうしよう……」と心配になるかもしれませんが、その場合には自分で答えを言ってしまえばよいのです。例えば、「昨日の台風は帰宅時間に直撃したのでお帰りが遅くなった方もたくさんいたようですね。（シーン）でも今日は皆さんに無事お集まりいただき、良かったです」など、**回答がない場合でもそれを受けた自分の感想などにつなげれば大丈夫です。**

　また、声には出さなくてもうなずいている方もいます。うなずいている人が多ければ「やはり多くの方がお困りだったようですね」、少なければ「それほど皆さんは被害に遭われなかったようですね。良かったです」など様子を見て自分の感想などにつなげてみましょう。

〈場が和むテーマは「木戸に立ち掛けし衣食住」〉

Chapter 1　緊張を受け入れよう　039

# 3

## 最も緊張する
## 魔の3分間を乗り切ろう

### ▶開始3分間の準備で成否が決まる

　場が温まっていてもいざ本題となるとまた緊張スイッチが入り、頭が真っ白になることもありますね。

　緊張は開始から3分間が最も高まると言われています。この「魔の3分間」は、頭が真っ白になり、周囲が見えにくくなったり、顔が赤くなったり、汗がブワッと吹き出たり、手足が震えたりと緊張症状もピークに達します。この魔の3分間で緊張症状に翻弄されてしまうと「ああ、何を話していいのかわからない。もう無理だ〜」とすっかり敗北の気持ちになり最後までなかなか払拭できません。逆に捉えれば、**この魔の3分間を乗り切ることができれば自分の中に落ち着きが生まれ、最後までそれを持続することができます**。魔の3分間を乗り切るために、場を温めることに加え、どんな状況になっても3分間は絶対に話せるよう反復練習をしておきましょう。

　私は仕事柄、初めての方の前で話すことが多いので、たいてい自己紹介から入ります。最初の1分間は相手を気遣う問いかけを行い、次の2分間で自己紹介を行うのですが、事前に最低3回練習してから場に臨みます。そうすれば、**たとえ頭が真っ白になっても確実に話せるのです。**

　自己紹介がいらない相手であれば、「今日お話しすることは……」とその日に伝えたいことを要約して話します。「これだけ伝えればOK」ということを徹底的に反復しておけば、その後もラクになります。

## 『話しベタさんでも伝わるプレゼン』
## お詫びと訂正

本書の解説文に下記の通り欠落がありました。お詫びして訂正
いたします。

【該当箇所】

・73 ページの解説文 1 行目

【訂正内容】

| 誤 | ぶ違うのではないでしょうか？ |
|---|---|
| 正 | 複数の例を挙げましたが、同じことを言っていても受ける印象はだいぶ違うのではないでしょうか？ |

書名：話しベタさんでも伝わるプレゼン
発売日：2019 年 12 月 6 日
定価：本体 1,400 円＋税
ISBN：978-4-7981-6238-6
発行：翔泳社

## ▶魔の3分間を落ち着いて話すための練習方法

　できるだけ様々なシーンで反復練習してみてください。例えば朝起きてすぐにベッドで、鏡の前に立ってニッコリ笑顔で、通勤途中に歩きながら小声で、空いている会議室で、同僚の前で……などすき間時間を見つけて反復練習します。マイクを使うプレゼンが控えている方はカラオケボックスがおすすめです。講師や営業の方などカラオケボックスでリハーサルをしている方は実は結構います。

　様々な状況で自分の中に定着させておくことで、「どんな状況でも確実に言える！」という自信が生まれ、プレゼン本番でもセリフが自然と出てくるようになるからです。自宅のみで練習していると、状況が変わると出てこない……ということにもなりかねません。

　**特にカラオケボックスや会議室などで歩きながら練習しておくのは効果的です。**場に慣れることにもつながりますし、興味を引くことが目に飛び込んできたり、つまずいたりしても出てくるようになり、緊張で頭が真っ白になっても確実に魔の3分間を乗り切れます。

〈魔の3分間で話すべき内容〉

| 社外 | 世間話　＋　自己紹介 | 3分間 |  |
|---|---|---|---|
| 社内 | 世間話　＋　プレゼンの要約 | 3分間 |  |

すき間時間を見つけて練習する

朝　　　　　昼　　　　　夜

緊張を
やわらげたい

 理解して
もらいたい

 適切な言葉で
伝えたい

 要領良く
こなしたい

 説得したい

 ミスを
防ぎたい

# 緊張対策グッズの準備と身だしなみに気を配ろう

## ▶ 緊張対策：持ち物編

　緊張は良いものだと認識を変えても、汗が出るなどの緊張症状が全て収まるわけではありません。ただし、緊張症状への対策をすることで心の落ち着きが変わってきます。人前で話す機会が多いプロも緊張対策をしています。次に挙げている緊張対策グッズで、自分に合うものを準備してみましょう。プレゼンが少し待ち遠しくなるかもしれません。

〈緊張を防ぐためのお役立ちグッズ〉

| ☑ **ハンカチ** | 汗をよくかく人は2枚準備しておくと安心です |
| --- | --- |
| ☑ **クールタオル** | 熱中症対策用の商品で、特に顔が赤くなる人におすすめです |
| ☑ **ミニカイロ** | 私は緊張で指先が冷たくなるのでポケットに忍ばせています |
| ☑ **水** | 話す前に口を潤しておきましょう。 |
| ☑ **喉スプレー** | 冬場は特に乾燥するので洗面所などでひとスプレーしましょう |
| ☑ **クリッカー** | パワーポイントを操作できるリモコンです。棒状のものよりも指輪状のものの方が、震えもわかりにくいのでおすすめです |
| ☑ **アロマグッズ** | ローズマリーやラベンダー、オレンジなどのアロマオイルをハンカチなどに含ませておくと鎮静効果があります |

## ▶ 緊張対策：服装編

　服装の緊張対策には「自信が持てる服を着ること」「清潔感を心がけること」「脇汗対策」の3つがあります。

**自信が持てる服とは単におしゃれをするということではありません。**
英ハードフォードシャー大学のカレン・パイン教授の研究で「何を着るかで、どれだけ自信を持てるかに大きな影響がある[*]」ということが証明されています。自信が持てる服装とそうでない服装でテストを受けたところ、点数に大きな差が出たそうです。自信が持てる服はスーツだったり、普段よりも上質な素材の服だったり、好きなカラーだったりと人によって違います。自信が出る服を用意しておきましょう。

2つ目の清潔感ですが、いくら自信が持てる服装でも汚れやシミがついていれば相手に与える印象が悪いのはもちろん、プレゼン中に気付いたら自信を失いかねません。服装は明るいところでチェックしてください。

3つ目は脇汗対策です。できるだけ汗染みが目立たないものを選びましょう。また、薄いグレーなど汗染みが目立つジャケットやシャツは、脇汗パッドをしておくとよいでしょう。

〈自信が持てる服装選びの注意点〉

[*]出所：カレン・パイン『Mind What You Wear』(Kindle)

# 5

 緊張を
やわらげたい

 理解して
もらいたい

適切な言葉で
伝えたい

 要領良く
こなしたい

 説得したい

ミスを
防ぎたい

# 声の震えは痛みとハミングで解決する

### ▶声の震えや上ずりは痛みを与えてなくす

　声が震える、上ずってしまう、噛んでしまう……という悩みを持っている方も多くいるでしょう。自覚するとますます緊張が高まりますね。**最も簡単な対症療法ですが、痛みを与えることで緊張から意識を外すというテクニックがあります。**緊張していると頭の中は「自分は緊張している！　どうしよう……」と緊張に対して集中力が向けられています。そこから意識をそらすために他に集中を向けられるよう、身体のどこかに痛みを与えるのです。いくつかやり方をご紹介しましょう。

〈声の震えや上ずりを抑える方法〉

● 腕や腿(もも)をつねる

● ハンカチをぎゅっと握りしめる

● ペンで手をつつく

● つま先を別の足のかかとで踏む

● 手を思い切りグーっと握ったり
　開いたりする

● 両肩を思い切り力を入れて上げて
　ストンと落とす

　相撲の力士が自分の顔を叩いたり、格闘技の試合の前にコーチが選手の背中を叩いたりするのは緊張に集中している意識を痛みによって目の

前の状況に引き戻しているのです。プレゼン時に顔を叩くのはさすがに不自然ですから、自然に見える痛みの与え方を探しておきましょう。

また、声の震えは発声がしっかりできていないことも原因です。発声を良くするには、腹式呼吸をして腹から声を出すという腹式発声が最も正統派なのですが、残念ながらこれはなかなかマスターするのが難しいものです。**手っ取り早く声の震えを止めるには、背筋を伸ばして下腹に力を入れます。**試しにこの姿勢で声を出してみてください。背中が丸まっているときよりも声の震えは減るはずです。

〈簡単に声の震えを止める発声法〉

## ▶重要な言葉で噛まないことが大切

**噛んでしまう場合には、早口になっていることが原因です。**どんなに滑舌が悪い人でも、早口言葉のような言いにくい言葉でも、ゆっくりと発音したら噛むことはありません。試しに「東京特許許可局」とゆっくり発音してみてください。噛みませんよね？　私個人としては噛んでしまうこと自体はそれほど問題だとは思っていませんが、重要な言葉が聞き取りにくいのは問題だと考えます。「噛んでも OK」というラクな気持

ちで、重要な言葉だけは気を付けてゆっくりと発音してみましょう。

## ▶すぐに滑舌を向上させたいときはハミングが効果的

　また滑舌が悪いとやはり噛みやすくなります。滑舌を良くするというと「あめんぼ赤いなアイウエオ」と劇団の発声練習を思い浮かべる方もいますが、これは顔の筋肉をしっかり動かせる人がやれば効果がありますが、そうでない人だと即効性はありません。

　**即効性のある方法は「ハミング」です。**ハミングとは口を閉じて曲を口ずさむことですが、滑舌にも大きな効果があります。まず、唇が見えなくなるくらいキツく唇を閉じます。そのまま試しにハミングで「皆さん、おはようございます。今日は当事業部の売上状況をご報告します」とできるだけはっきりと話してみてください。ハミング後は口が滑らかに動くようになっていることを実感できるはずです（実感できない場合はもっとキツく口を閉じ、はっきりと話してみましょう）。

　これは口の周りの筋肉に負荷をかけることで、その負荷がなくなったときにラクに動かせるようになるためです。プレゼン前のトイレなどで試してみることをおすすめします。

　私はこのハミングをボイストレーニングの先生にすぐに滑舌を良くするテクニックとして教えていただきました。その後、研修の受講者全員の方から「話が聞き取りやすい」とコメントをもらって効果を実感しました。そのため私のプレゼン研修の中でもハミングを取り入れたところ、**全員がすぐに滑舌が良くなり、周囲の人も「話し方が全然違う、聞き取りやすい」と驚かれていました。**ほんの数分でできるので、ぜひ皆さんも試してみてください。

　特に緊張しているときや朝一番は筋肉が上手く動かず、声帯や口の中も乾燥して声が出にくい状態です。まずは水で口や喉を潤した上で、ハミングをしてからプレゼンの場に臨むと第一声をクリアに発することができ、聞き手にも良い印象を与えることができます。

〈ハミングの手順〉

**1 キツく唇を閉じる**

POINT　唇が見えなくなるくらい閉じる

**2 口を閉じたまま発声する**

POINT　プレゼンで噛みたくない箇所を話す

**3 口を開けて通常通りに話す**

POINT　実感できない場合は①に戻り、もっとキツく口を閉じたまま、はっきりと話そう

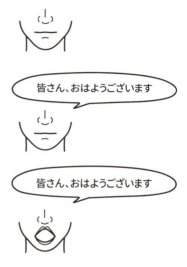

〈朝に声が出ない理由〉

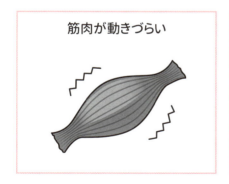

筋肉が動きづらい

声帯や口の中が乾燥している

**水を飲んだ後、ハミングを行えば解決！**

Chapter 1　緊張を受け入れよう　047

# 6

 緊張を
やわらげたい
 理解して
もらいたい
 適切な言葉で
伝えたい
要領良く
こなしたい
 説得したい
 ミスを
防ぎたい

# 簡単に声量を
# アップする方法

## ▶声が小さいと自信がなくなってくる

　話しベタな人は、大きな声を出すのが苦手という悩みを持っている方が多いと思います。私自身も、もともと大きな声を出すのは苦手で、声が低くて通りにくいこともあり、ざわざわとしたところで話すのは苦手でした。また女性に多いと言われる裏声は、もれる息の量が地声より多く、優しい雰囲気になりますが、通りにくい声になってしまいます。

　声が小さいと「元気がない」「やる気がない」という印象を相手に与えてしまいます。声が小さくて「もう一度言ってもらえますか？」などと聞き返されてしまうと相手にとがめられたような気がして自信を失い、さらに緊張してしまいますよね。

　ではどんな大きな声がいいかというと、声量ももちろんですが、明るく響くような声が聞き取りやすく、説得力にもつながります。**プレゼンのときに声を大きくする3つの方法をご紹介します。**

## ▶声は3つの工夫で大きくなる

### ①声を相手より後ろに届ける

　例えば相手の人が1メートル先にいるのであれば、2、3メートル先にいると思って声を出しましょう。声の小さい人は自分が十分と思う音量では足りていないことが多いため、**声を届ける相手の位置を遠くに設定することで、自然と声が大きくなります。**

048

## ②１つ目の音を大きく明るく発声する

　全て大きな声で話さなくてはと思うとプレッシャーから疲れてしまいます。**最初の音だけを大きく出せばよいと思うとプレッシャーが減るだけでなく、結果的に次の音も自然に大きくなります。**例えば「おはようございます」だったら、「お」だけを大きく明るく出せばいいと考えてください。これを普段通りの声量で始めてから声量を上げようとすると声が震え、不自然になってしまいます。この第一音はできるだけ明るい響きを意識しましょう。この一音だけで全体の印象が大きく変わります。

## ③身体を使って声を出す

　身体の動きと声は連動します。**試しに遠くにボールを投げるような動作をしながら「おはようございます」と言ってみましょう。**何も動かさないときよりも大きな声になっているはずです。歌手が高い音を出すときは手を上げ、囁(ささや)くときは手を優しく差し出すなどの動きをしていますが、あれは振り付けではなく、声を出しやすくする動きなのです。私は研修の休憩時間でざわついた状態から次の講義を始めるときに手のひらを口の横にメガホンのようにつけて「始めます！　よろしいですかー？」と声を出します。声が大きい男性講師の方も同じようにやっていました。身体を使って声を出しやすくしてみましょう。

〈声を大きくする３つの方法〉

① 声を相手より後ろに届ける

② １つ目の音を大きく明るく発声する

③ 身体を使って声を出す

# 7

   緊張を / 理解して / 適切な言葉で / 要領良く / **説得したい** / ミスを
やわらげたい / もらいたい / 伝えたい / こなしたい / 防ぎたい

## アイコンタクトは
## 7秒程度で十分

### ▶ 自然で効果的なアイコンタクトをするには？

　目が合うと緊張が余計に増してしまう方は少なくありません。「信頼してもらうためにアイコンタクトを取るべきだ」と言われますが、**必ずしもずっと視線を合わせておく必要はありません。**自分が話している時間の 10 ～ 20％程度目が合う時間があれば、相手にはアイコンタクトされたと認識されます。とはいえ、ずっと資料や画面を見ていては自信のない印象を与えます。自然なアイコンタクトの手順をご紹介しましょう。

### ①相手の方に身体を向ける

　身体がスクリーンや資料に向かっていると相手は自分に向けて話してもらっていないと認識してしまいます。目を合わせていないときでも身体の向きは相手の方に向けておきます。

〈身体の向きに要注意〉

スクリーンと向き合う姿勢は BAD！

観客と向き合う姿勢が GOOD！

050

## ②喉元から口元あたりを見る

　必ずしも目をしっかりと見なくても、身体を向けて喉元あたりを見ればOKです。人によってはずっと見られていると居心地の悪さを感じる人もいます。1対1で視線を外すタイミングとしては、話が変わる際に「では次のページをご覧ください」などと言いながら資料や画面に目を向けるとよいでしょう。

　**またメモを取ったり、考えたりしていることもありますので、ずっと目を凝視しない方がよいでしょう。**時には口元あたりまで視線を上げてみましょう。

## ③要所要所で目を見る

　話の中で重要な箇所にきたら、アイコンタクトの出番です。ここだけは勇気を持ってしっかりと目を合わせます。

　**言い間違いがないように資料を見てもOKですが、言い終わった後にはしっかりと目を見ましょう。**プレゼンの中でここだけはアイコンタクトするというところを決めておいてもよいでしょう。

## ④視線を移す

　複数相手がいる場合では話の区切りで視線と身体の向きを次の人に移します。同じ人の方だけに身体が向いていると他の人は疎外感を覚えます。何秒経ったら向きを変えるなど機械的にせず、話題が切り替わったときや次のページの説明に移るときなどに身体の向きを変えましょう。

　**アイコンタクトは目を合わせる長さにも意味があります。**1秒程度で複数人を見れば公平に認識しているという印象を相手に与えます。相手に視線を合わせる長さが長くなるほど、信頼や自信、熱意などが伝わります。目を見続ける長さとしては、3〜5秒程度がよいでしょう。相手がこちらを見ていない場合もあるので、前後含めて7秒くらいを最大と考えてください。

Chapter **1**　緊張を受け入れよう　**051**

## ▶質問されているときこそ目を合わせる

　自分が話しているときにずっと目を合わせている必要はありませんが、相手から質問されたり、意見を言われたりしたときは、しっかりと相手の目を見ましょう。相手をきちんと受け止めたという誠意ある印象につながり、効果的です。**ここで目をそらしてしまうと、回答をしたとしても弱々しい逃げ腰な印象や不誠実なイメージを与えてしまいます。**質疑応答の仕方については5章でご紹介しますが、まずは目で受け止めてから回答します。

　会議室などでのプレゼンでは、人から人へアイコンタクトを切り替える必要があります。

　まず意識していただきたいのは、プレゼンを開始するときです。このときは、緊張しているとは思いますが、必ず参加者全体をしっかりと見渡してください。近くの方だけではなく、後ろの方まで見ましょう。そして、5〜7秒以内で次の人に視線を移すよう意識しましょう。

　**全体を見る視線の動かし方ですが、広くない会議室や会場であれば中央→左→右、というように切り替えていきます。**横に長い会場であればMの字のように、左手前方→左手後方→中央→右手後方→右手前方とジグザグに視線を動かすと全体に目を配ることができます。さらに広い大ホールなどの場合には、会場を縦横3分割して3×3の9つのブロックに自分の中で区切りを入れて、それらを8の字を描くように見渡していくと、会場全体の人が「自分に話している」と意識してくれます。

　**慣れないうちは視線を合わせることにそれほど神経質になる必要はありませんが、同じ人だけを見続けないように気を付けましょう。**見られていない人はだんだんと集中できなくなってしまいます。全体を見ていますということが伝わればよいので、視線と一緒に身体の向きを変えるなど工夫してみてください。

〈自然に視線を合わせるポイント〉

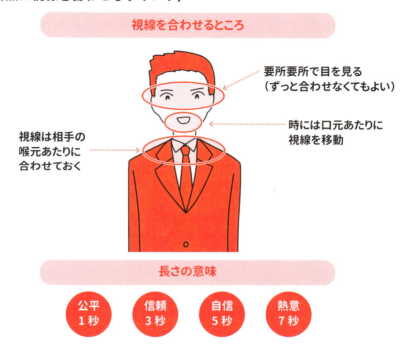

〈視線の合わせ方〉

# 前の人の話を聞くと
# 緊張が緩む3つの理由

## ▶落ち着くと周囲の状況が見えてくる

　会議での発表、自己紹介、面接など、自分の出番を待っている時間は緊張しますね。「自分の番になったらどう話そう？」ということで頭の中はいっぱいで、前の人の話なんて聞いていられない……と思いがちですが、こんなときこそ、ぜひ自分より前の人の話をしっかりと聞きましょう。理由は3つあります。

　まず**1つ目の理由は自分の緊張から意識を他のものへ向けることができるから**です。声の震えを止めるためのテクニックとしてもご紹介しましたが、緊張に意識が集中するとますます緊張してきます。

　その際、前の人が話した内容や話し方、立ち居振る舞いなど様々なものに着目してみてください。すると自分との共通点が見えてきたり、相手の話そのものへの興味が湧いてきたりと徐々に緊張から意識がそれていきます。

　私も話し始めのうちは緊張でいっぱいで人の話を聞くどころではないのですが、かたちだけでも熱心に聞いているようにうなずきながら人の話を聞いているうちに徐々に本当に興味を持って聞けるようになってきます。**するといつの間にか落ち着いてきて、周囲の状況も見えてきます。**聞き手の人たちはどういうことに関心を持つのか、どういう反応があるのかなどがわかってくるのです。

　ずっと固まったまま自分の出番を待つよりも少しでも身体を動かしたり、視野を広げておいたりした方が話しやすくなります。

### ▶前の人を自分の味方につける

2つ目の理由は、自分の番が回ってきたときに前の人を熱心な聞き手にするためです。自分の話を熱心に聞いてくれる人は、相手にとってもありがたい存在ですから、**自分が話すときにその人が熱心な聞き手になってくれる確率が上がります。**人は自分がしてもらったことと同じことを相手にも返そうとする返報性の法則という心理作用があります。相手に自分の話を温かく、熱心に聞いてほしいと思うのであれば、自分も同様にうなずくなどして他人の話を熱心に聞いてみましょう。

### ▶出番がきたら「改めまして」で始める

第一声としては「改めまして。おはようございます。○○です」などそれまでと場の空気を変える一言から始めてみましょう。仮にそれまでがかなりダレている状態だったとすると、第一声に期待感が持たれ、好意的に話を聞いてもらえます。

また、これはやや難しいですが、3つ目の理由は他の人の発表や説明を聞くことで自分の説明に活かせるからです。これまで聞いてきた前の人の話などに少し触れてみます。「Aさんのお話はとても良かったです」「Bさんの事業部の状況は私の部門でも当てはまります」など**挨拶や説明の中に前の人の話を入れることで、きちんと理解しているということが伝わります。**

〈前の人の話を聞くべき3つの理由〉

①落ち着いて周囲の状況を分析するため
②自分の熱心な聞き手を増やすため
③前の人の話を会話に組み込めば、誠実な印象を与えることができるため

9

 緊張を やわらげたい
 理解して もらいたい
 適切な言葉で 伝えたい
 要領良く こなしたい
 説得したい
 ミスを 防ぎたい

# 100回の場数よりも リハーサルが自分を救う

## ▶ 緊張はリハーサルで解決できる

「プレゼンは場数だ」というのはよく聞きますが、何も意識せずにいたずらに場数を踏んでいても上手くはなりません。また場数を踏むための練習台にされてしまう相手にとっても失礼な話ですし、仕事で説明することには責任がともないます。本番をベストな状態にするためにリハーサルが必須なのですが、そもそもリハーサルをしない方が多いのではないでしょうか？

私もコンサルタント駆け出しの頃、数多くのプレゼンの上手い方と仕事をする中で、あまりの上手さに圧倒され「やはり話す才能が自分とは違うのだ」と思っていました。しかし、あるとき**上手い人はリハーサルを繰り返していることに気が付きました。**

会議室に1人こもって練習したり、何人か集めてリハーサルをして意見をもらったりとリハーサルを繰り返していたのです。このことを知って、「このレベルの人が入念にリハーサルをしているのだから、話すのが苦手な自分はもっとしっかりしなければいけない」と実感し、その後は自分だけではなく、チームメンバーにも「リハーサル付き合おうか？」と声をかけるようにしました。初めは身内の前で話すのは恥ずかしいという気持ちがありましたが、次第にどうやったら上手くできるのかをしっかりと考え、練習できるようになりました。結果、自分もチームメンバーもプレゼンが上手くなり、本番でも堂々と話すことができるようになりました。リハーサルは自分を救ってくれるものなのです。

### ▶記録して、フィードバックをもらう

　1人でやる場合にはスマートフォンなどで**動画を撮影してチェックするのがよい**でしょう。「自分が話す姿を見るなんて恥ずかしくて無理」と思うかもしれませんが、相手にはその恥ずかしい姿を見せているわけです。できるだけ聞き苦しいところ・見苦しいところをなくすように自分の姿を確認しておくのは礼儀でもあります。その後、他の方の前でリハーサルを行い、フィードバックをもらえば、本番での緊張予防にもつながります。遠慮されないよう、立会人には「気付いたことをたくさん挙げてほしい」と先に伝えておきましょう。本番同様に、**質疑応答も含めたリハーサルをすれば質問に慌ててしまうのを防げます。**

### ▶本番環境で最終チェック

　可能であれば、本番の環境でリハーサルしてみましょう。初めての場でいきなり前に立つと一気に緊張してしまいますが、一度その場に立ったことがあると落ち着けます。できれば実際に声を出して会議室の後ろの席まで届く声量を確認してください。また資料をプロジェクターに映してみて、一番後ろからでも文字が見えるかどうか確認しておきましょう。会場でのリハーサルが難しくても**その場に立ってチェックするだけでも落ち着いて本番を迎えることができます。**

〈リハーサルでのチェックポイント〉

- ☐ 声の大きさや話し方は聞き取りやすいか？
- ☐ 話し方やしぐさの気になる癖はないか？
- ☐ 説明はわかりやすいか？
- ☐ 質疑応答対策はできているか？
- ☐ プロジェクターの画面は後ろの席からも見やすいか？

## Column

# なくて七癖

　自分の話しているところを動画に撮るのは抵抗があると思いますが、ぜひやってみてください。話し方だけであれば、音声だけの録音でもよいのですが、**全体の動画を撮影することで、やっているつもりがない動きの癖や姿勢の癖に気付けます。**よくある癖を挙げてみましょう。

〈プレゼンで気になる4つの癖〉

| ①姿勢の癖  | ②動きの癖 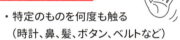 |
|---|---|
| ・身体の重心が傾いている<br>・首が左右に傾いている<br>・腕組みをする | ・特定のものを何度も触る<br>　（時計、鼻、髪、ボタン、ベルトなど）<br>・資料を丸めたり、何度もめくったりする<br>・うなずきがやたらに多い |
| ③表情の癖  | ④視線の癖  |
| ・意味なく微笑んでいる<br>・ずっと無表情のまま | ・チラチラと時計を見る<br>・視線が天井や床をさまよう<br>・ずっと一点を見たまま |

　こういった癖は無意識のうちに染みついてしまったものと、緊張によって出てくるものがあります。

　ジェスチャーやアイコンタクトをしようと頑張るよりも、**これらの癖をなくすだけで堂々とした印象になります。**癖は気付くと徐々になくなってきますので、つらいとは思いますが、動画を撮ってチェックしてみましょう。

# Chapter

# 2

## 話し方を変えるだけで
## 聞いてもらえる

# Chapter 2 の概要

## どうして私の意見は採用されないの？

「プレゼン成功！」と思ったのに、何だか解決策に上司は納得していない顔。一方、その後の同期の提案に上司は満足そう。私と同じような提案なのに一体なぜ？

# こんな悩みはありませんか？

□ 相手に自分の言葉が届いていない気がする

…→ **力強い言葉を使って主張しよう**（2章1項）

□ 話していたらだんだんと相手が退屈そうに……

…→ **話し方にリズムを出して、聞きやすさを上げよう**（2章2項）

□ 丁寧すぎたり失礼な感じになったりしているような気がする……

…→ **敬語を正しく使おう**（2章3項）／**クッション言葉を使ってみよう**（2章4項）

□ 同じことを言っているはずなのに私が言うと相手の反応がイマイチ

…→ **話し方をポジティブな印象にする**（2章5項）

□「それってどういう意味？」「もう一度言って」と言われてしまう

…→ **相手にとっての意味をプラスして納得感アップ**（2章6項）

□「今何の話をしてるの？」「それどこに書いてあるの？」と言われてしまう

…→ **相手を迷子にしないように話そう**（2章7項）

□ 混乱して何が言いたいのかわからなくなってしまった……

…→ **読むだけで済むスライドを作ろう**（2章8項）

□ スライドは作ったもののどう説明していいのかわからない

…→ **説明の3つの型に当てはめるだけで伝わる**（2章9項）

### 本章のゴール

**あなた** …→ 言いたいことが相手に伝わるようになる

**相手** ……→ あなたの話をわかりやすいと感じる

**Chapter 2** 話し方を変えるだけで聞いてもらえる

緊張を<br>やわらげたい **適切な言葉で<br>伝えたい** 要領良く<br>こなしたい 説得したい ミスを<br>防ぎたい

# 力強い言葉を使って主張しよう

## ▶ 形容詞、副詞を使わずに話してみる

熱意だけでは相手に伝わりません。例えば「整理整頓はとても重要です。かなり強いインパクトを与えられます！」と熱弁を振るっても相手は行動してくれないでしょう。これは、曖昧で具体性に欠ける言葉が原因です。相手の中で優先順位を上げてもらうためには、**「とても」「すごく」などの曖昧な形容詞や副詞を排除することです。**

例えば「A案はB案よりも半分の期間で2倍の成果が挙げられます。C社の利益は半年で1.5倍に増えました」のように、具体的な数値や比較対象を示すことで重みが伝わり、優先順位が明確になるのです。

## ▶ 難しい言葉を使わない方がリアルに聞こえる

**形容詞、副詞と同様に使ってしまいがちなのが、「ビッグワード」という様々な意味に取れる曖昧な言葉です。** よく「コミュニケーションを良くしましょう」と言ったりしますが、このコミュニケーションという言葉がビッグワードにあたります。「頻繁に会話をすること？」と思う人もいれば「挨拶を徹底することかな？」と考える人もいるでしょう。すると、何を言いたいのかが伝わりません。例を挙げてみましょう。

---

ビッグワードを言い換えよう

・**スマート**な意思決定をします
　→課題を事務局が事前に精査し、重み付けをして決定します

- **品質の向上**を目指します
    →製品の４つの問題を改善し、〇〇基準に合格します
- **付加価値**の高い仕事を追求します
    →耐久性に加え、デザイン性や使い心地の良さを追加していきます
- **イノベーティブ**な提案をします
    →要求への回答にとどまらず、次の企画につながる改善点を盛り込んだ提案を行います

　こういった抽象度の高い言葉のほとんどが聞き流されてしまいます。**ビッグワードを使いそうになったら、5W1Hで話すようにしましょう。**誰が、いつまでに、どこで、どれくらい（いくら、何人、いくつ）、どのように、何をするのかを固有名詞と数値で話すのです。全て話すとクドくなるので、特に重要なところだけでも構いません。

　また話そうとしても修飾語やビッグワードしか出てこない場合には、話し方の問題というよりも、そもそもの提案内容や報告内容自体があまり練られていないことも考えられます。伝えるべきことをわかっていないと、曖昧な言葉に頼らざるを得なくなってしまいます。そうならないように、内容をしっかりと詰めておきましょう。詳しくは３章で説明します。

〈5W1Hで考える〉

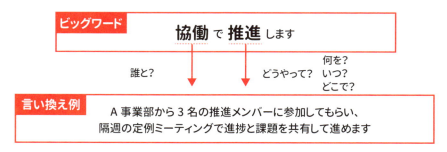

# 2

 緊張を やわらげたい
 理解して もらいたい
 適切な言葉で 伝えたい
 要領良く こなしたい
 説得したい
ミスを 防ぎたい

## 話し方にリズムを出して、聞きやすさを上げよう

### ▶相手が退屈そうになったら話すのをやめてみる

　相手が退屈そうにしていると、焦ってとにかくもっと何か言わなくては……と話し続けてしまいますね。しかし、相手の集中力がなくなるのは話し方にリズムが感じられないことが理由です。音楽では休止符が重要な役割を果たしていますが、話すときも同様です。ずっと話し続けずに「間」を取りましょう。間には3種類あります。

　まず1つ目は「理解の間」です。**聞き手がそれまでに話したことを整理して理解するために必要な間です。**文章でいうと「。」や「、」などの句読点で1、2秒の間を空けます。この間によってそれまでに話したことを理解してもらうのです。

> 「3つの機能があります。（🕐 1秒の間）コミュニティ機能、（🕐 0.5秒の間）チャット機能、（🕐 0.5秒の間）シェア機能です（🕐 1秒の間）」

　**2つ目は「強調の間」です。重要なことを言う前後に「ため」を作るのです。**

> 「この企画のコンセプトで最も重要なのは（🕐 2、3秒の間）、"顧客に選んでもらう"（🕐 1、2秒の間）という点です」

　と強調したいキーワードの前後に間を取ります。こうすることで、**キー**

ワードが際立ちます。

3つ目は「集中の間」です。これは聞き手に考えてもらうことで注意を引きつけるための間です。相手に質問を投げかけ、考えてもらう時間を取ります。

> 「この企画がなぜ効果があると思いますか？（🕐 3〜5秒の間）」

質問の後に3秒以上の間をおくと聞き手は自分なりに答えを考えはじめます。すると答えを知りたくなるため、その後の話を集中して聞こうとするわけです。沈黙に耐えられない場合には、心の中で「1、2、3……」とカウントするとよいでしょう。

話しベタだと沈黙を避けなくては……と思いがちですが、むしろ話し続ける方が良くない結果になりがちです。しっかりと間を取ることであまり話さなくても伝えたいことが浸透すると考えてみてください。

## ▶相手の理解を確認しながら進める

間を取っても相手が退屈そうだなと感じた場合には、話が一区切りしたところで、ここまで話したことが理解されているかを確認してみましょう。

> 「ここまでお話ししたことはご理解いただけたでしょうか？」
> 「ここまでの内容についてご意見をお聞かせください」

これは相手の興味を再び戻すためでもあり、理解できないまま最後まで話を聞き続けるというお互いの無駄な時間を省くためでもあります。

## ▶一文一文を短くして接続詞でつなごう

間を取ること以外でリズムを出すには、一文一文を短くすることです。人は文の切れ目でそれまでの情報を理解しようとするからです。

1文は長さではなく、**主語と述語のセットで区切り、短い文のつなぎには接続詞を入れ、次に話す方向性を相手に伝えます。**例えば、「Aです。しかし……」と言えば、Aと反対の話を想像します。接続詞は少し声を大きくするとさらにリズムが明確になります。接続詞を使い慣れていない方は右ページの接続詞表を参考にしてください。

## ▶ 早口は直せる

　焦って早口になってしまう方も多いと思いますが、早口はよほど滑舌が良く、話がまとまっている人以外はとても損だと思ってください。スピードを落とすためには2つのテクニックがあります。1つ目はゆっくり手を回したり、ゆっくり歩いたりと、動作をゆっくりにすることです。2つ目は口を大きく開けて話すことです。身体は連動しているので、他の動作をゆっくりにすることで話すスピードを落とすことができます。

〈接続詞分類表〉

| 大分類 | 中分類 | 接続の仕方 | 接続詞例 |
|---|---|---|---|
| 論理 | 順接 | 原因と結果をつなぐ | だから・したがって・ゆえに・よって・そのため |
| | | 仮定／原因と結果をつなぐ | すると・それでは・だとすると・そうしないと・さもないと |
| | 逆接 | 予想される前提に反することをつなぐ | しかし・でも・それでも・ただ・だが・とはいえ・とはいうものの |
| | | 予想に反する意外性のあることをつなぐ | ところが・にもかかわらず、それなのに・そのくせ |
| 整理 | 並列 | 追加していく | そして・それから・また |
| | | 累積していく | それに・それに加えて・そればかりか・そのうえ・さらに・ひいては・しかも |
| | | 条件付きで累積していく | かつ・および・ならびに |

| | | | |
|---|---|---|---|
| 整理 | 対比 | 先行文と後続文が逆の意味の場合 | 反対に・逆に・反面 |
| | | 逆ではないが、対になっているか相違点がある場合 | それに対し・一方・他方・また |
| | | 複数の選択肢をつなぐ | または・もしくは・ないしは |
| | 列挙 | 序列や重要度でつなぐ | 第1に・第2に・第3に……<br>1つ目に・2つ目に・3つ目に…… |
| | | 時間的順序もしくは序列・重要度でつなぐ | 最初に・はじめに・まず・続いて・次に・その後・さらに・最後に |
| 意味付け | 置換 | 先行文を言い換える | すなわち・つまり・要するに・いわば・いってみれば |
| | | 先行文を否定的に受け継いで、後続文で言い換える | むしろ・かえって・そうではなく・というよりも |
| | 例示 | 抽象的な先行文と具体的な後続文をつなぐ | 例えば・具体的には・実際・事実 |
| | | 先行文に特別によく当てはまる例である後続文をつなぐ | 特に・とりわけ・中でも |
| | 補足 | 先行文の理由である後続文をつなぐ | なぜなら・というのは |
| | | 先行文の成立条件、例外、言い足りていないこと、関連情報となる後続文を述べる | ただし・もっとも・なお・ちなみに |
| 展開 | 転換 | 先行文と別のテーマがつながることを予告する | さて・ところで・それにしても・それはさておき |
| | | 本題につながることを予告する | では・それでは |
| | 結論 | 先行する文章を大きくまとめて最終結論を出すことを予告する | このように・こうして・結局・以上 |
| | | 先行する文章で出てきた様々な意見に対し、一応の結論を示すことを予告する | とにかく・いずれにしても・どのみち |

出所：石黒圭氏の接続詞表をもとに作成

# 3 敬語を正しく使おう

緊張を
やわらげたい
理解して
もらいたい
適切な言葉で
伝えたい
要領良く
こなしたい
説得したい
ミスを
防ぎたい

## ▶敬語を重ねすぎない

　上司への報告、お客さまへの提案となると失礼のないようにきちんとしなくては……とぎこちなくなる傾向にあります。**おかしな敬語を多用するよりはむしろシンプルな丁寧語だけの方が聞きやすく、説得力があります。** よくある間違った敬語の使い方を挙げてみましょう。

　まず、「ではご説明を始めさせていただきます」のように語尾に敬語を重ねすぎてしまっているケースです。これは「ご説明」「させる」「いただく」と尊敬語と謙譲語が重なりすぎています。「説明いたします」「ご説明します」のように、一文で使う敬語は1回くらいにとどめましょう。

　ちなみに「させていただく」を使って良いケースは相手の許可が必要な場合です。例えば相手が話している最中に「お話の途中ですが、質問させていただいてもよろしいでしょうか？」などのように使います。

　そもそも多くのプレゼンは話す場ですから「説明させていただきます」というのは、やめた方がよいでしょう。また、**敬語を重ねすぎることで弱々しい印象を与えてしまうリスクもあります。**

## ▶謙譲語を相手に対して使わない

　また本来自分に対して使う謙譲語を相手に対して使っているケースもあります。例えば「持参」「うかがう」などは謙譲語なので、相手に対して「資料を持参してください」「皆さまもうかがっていると思いますが」などはおかしな使い方です。

## ▶バイト言葉をやめる

　接客のアルバイトなどで一般化してしまっているおかしな敬語もビジネスシーンでは使うべきではないでしょう。例えば「こちらが資料になります」では、これから資料に変身するというような意味となり、日本語として不自然です。

## ▶日頃から敬語を使って話す

　いざというときだけかしこまって話そうとしても付け焼き刃で不自然になりがちです。尊敬語や謙譲語は、改まった場だから使う、相手がお客さまだから使うというものではなく、自分がビジネスパーソンとしての良識を持っているかどうかを示すものだと考えて使いましょう。

　もちろん、言葉は時代とともに変化するものですが、前述した例は違和感を持つ人がまだまだ大勢います。**間違った使い方をする人が多い中でしっかりと使いこなすことができれば、それは説得力や信頼にもつながるでしょう**。日頃から使うことで板についてきて、プレゼン時にぎこちなくなることを防いでくれます。

〈言葉遣いの注意点〉

### ①敬語を重ねすぎる

| BAD | ご説明を始めさせていただきます | GOOD | 説明いたします |

### ②相手に謙譲語を使う

| BAD | 資料を持参してください | GOOD | 資料をお持ちください |

### ③バイト言葉を使う

| BAD | こちらが資料になります | GOOD | こちらが資料です |

緊張を
やわらげたい

理解して
もらいたい

**適切な言葉で
伝えたい**

要領良く
こなしたい

説得したい

ミスを
防ぎたい

# クッション言葉を使ってみよう

### ▶ 主張の衝撃をクッション言葉でやわらげる

　自分の伝えたいことが相手にとって負担になりそうな場合や問題点の指摘などの場合、そのまま言うと少しぶしつけだったり、気分を害してしまったりすることがあるかもしれません。そのようなときは言葉の衝撃をやわらげるクッション言葉を入れてみましょう。

**〈やさしく伝えるクッション言葉一覧表〉**

| 依頼する場合 |
|---|
| 「恐れ入りますが」「申し訳ございませんが」「早速ですが」「誠に勝手なお願いですが」「お手数をおかけしますが」「こちらの都合で恐縮ですが」「できましたら」「もし、よろしければ」「ご多忙とは重々承知しておりますが」「お疲れのところ恐縮ですが」「お時間が許せば」「お手を煩わせることになってしまいますが」「ご都合が許せば」 |
| **質問・確認する場合** |
| 「失礼ですが」「差し支えなければ」「ぶしつけなことをおうかがいしますが」「間違いがあってはいけないので質問させてください」「すでにご存じかもしれませんが」 |
| **督促する場合** |
| 「こちらの手違いかもしれませんが」「すでに着手いただいているかもしれませんが」「度重なるお願いとなり恐縮ですが」「ご無理を申し上げていることは重々承知しておりますが」 |
| **断る・異論を唱える場合** |
| 「申し訳ございませんが」「残念ですが」「僭越ながら」「あいにくではございますが」「申し上げにくいのですが」「心苦しいのですが」「せっかくのお話ですが」「ご配慮いただき恐縮ですが」「身に余るお言葉ですが」「ありがたいお話ですが」「ご期待に添えず申し訳ございませんが」「お役に立てず申し訳ありませんが」 |

ただし、クッション言葉も多用しすぎると弱々しい印象につながります。**特にお願いしたい、強調したいところだけに使うようにしましょう。**

## ▶反論を想定して保険をかける

また、相手が受け入れにくいことを指摘するなど反論されることが想定される場合には、**あらかじめ反論を理解していると先に言うことで、相手は主張を受け入れやすくなります。**反論に備えて保険をかけておくのです。

〈指摘・反論するときの言い回し〉

**「普通はこうではないか?」という反論が予想される場合**

「これは一般的には〇〇と言われていますが、△△の点でこの場合には当てはまりません」

**「大した売上規模ではないのでは?」という反論が予想される場合**

「確かに規模で見ると小さく見えますが、新しい層を取り込むことで成長が見込めます」

**「このやり方で大丈夫?」という不安が予想される場合**

「『時間がかかりすぎるのでは?』というご懸念があると思います。
〇〇さんに相談したところ、『じっくりと進めることで現場の不安を払拭できそうだ』とご意見をいただきました」

 **否定せずにいったん受け止めるのがポイント!**

クッション言葉や反論の保険は、相手に対して「あなたの疑問や不安、痛みを理解していますよ」と言うメッセージでもあります。言いにくいことを言うのは気が引けるものですが、言い方1つでグッと受け入れられやすくなります。

# 5 話し方を ポジティブな印象にする

 緊張を
やわらげたい
 理解して
もらいたい
 **適切な言葉で
伝えたい**
 要領良く
こなしたい
 説得したい
 ミスを
防ぎたい

### ▶ ポジティブな表現にする

　言葉に宿る力を言霊と言いますが、否定的な言葉を多く使う人は相手に与える印象もあまり良くないため、相手からも否定されやすくなります。とはいえ、仕事ではいつもいいことばかり言っていられない……と思うかもしれませんね。**しかし言い方次第で受け入れられ方もだいぶ変わってきます。**ネガティブな表現を使わず、ポジティブな表現にするのです。

〈ネガティブをポジティブに変換する〉

| ネガティブ | ポジティブ |
| --- | --- |
| 無理です | ○○の条件がそろえば可能です |
| できません | こうするのはいかがでしょうか？ |
| とりあえずＡ案で進めます | まずＡ案に着手します |
| Ａ案は実行しません | Ａ案ではなくＢ案でいきましょう |
| 問題があります | 改善のチャンスがあります |
| この領域は見込みなしです | この領域の限界が検証できました |
| Ａ社は実績がありません | Ａ社はこれまでにないタイプの会社です |
| デザインが古いのでやめた方がいいです | 普遍性のある／伝統的なデザインなので違う機会に検討してみましょう |
| 万人受けしない企画です | 個性的な／好きな人は好きな企画です |
| ○人しか集まりません | ○人は確実に参加です |
| やっぱりダメでした | 今回は○○が重なりこういう結果でした |

ぶ違うのではないでしょうか？ **ポジティブな言い方は「何とかやり遂げよう」「相手の役に立ちたい」という気持ちが伝わってきます。**一方ネガティブな表現は、悪意はなくても誰かや何かを否定することになり、その分反論が出て協力が得られにくくなるのです。また自分の無力さをアピールすることにもなるため「この人に任せて大丈夫か？」「この案を承認して大丈夫か？」と思われてしまいます。

「同じことを言っているのになぜ？」と思うことが多い人は自分がどんな言葉で表現しているのかを振り返ってみましょう。ポジティブな表現を心がけることで、自分の気持ちも前向きになり自信が出てきます。

## ▶語尾を丁寧にして相手に届ける

ポジティブな表現とあわせて使いたいのが、語尾を丁寧に相手に届けることです。語尾はつい気が緩みがちなのですが、話し方の印象を大きく変えます。以下にNG例を挙げます。**これらの語尾を「○○です」「○○します」と普通の「です」「ます」に変えるだけで同じ内容でも説得力が出てきます。**

〈プレゼンで絶対に使ってはいけない語尾〉

　**か細い声＋尻切れトンボ語尾**
　「○○と思いますが……」
　「これは無理かと……」

　**重ねすぎ＋婉曲すぎる語尾**
　「○○の可能性があると言えるのではないでしょうか」
　「○○と言えなくもないと思います」
　「○○させていただけたらと思っております」

　**伸ばしすぎ＋乱雑な語尾**
　「○○なんですけどー」
　「○○ですねー」
　「○○ですかー?」

語尾を「です」「ます」に変えるだけで印象が良くなる！

Chapter **2**　話し方を変えるだけで聞いてもらえる　**073**

# 6 相手にとっての意味をプラスして納得感アップ

緊張をやわらげたい / **理解してもらいたい** / 適切な言葉で伝えたい / 要領良くこなしたい / 説得したい / ミスを防ぎたい

### ▶「それ、どういう意味?」の本当の意味

きちんと説明したつもりなのに「それ、どういう意味?」と聞かれてしまう場合には、説明が不十分なのではなく、**自分にとってどういう意味があるのかがわからないので聞かれている**ことがほとんどです。

例えばあなたが「これはりんごです」と言って、相手が「どういう意味?」と聞いてきた場合、りんごが何かわからないということではありません。「そのりんごは私にとってどういう意味があるのか?」を聞いています。仮に「母からもらったりんごです」と詳細を説明したとしても、それは話し手にとってのりんごの意味なので、伝わりません。例えば「このりんごはあなたへのプレゼントで、日頃の感謝の気持ちです」と答えると相手にとってのりんごの意味が伝わります。実際に聞かれているのは「What's this for me ?」であり、聞き手にとっての意味なのです。

〈相手にとって価値ある情報を伝えているか?〉

**自分にとっての意味ではなく、相手にとっての意味を伝えよう**

## ▶ 3M で相手にとっての意味を伝える

　相手にとって価値ある情報を伝えるには 3 つの M を意識しましょう。まず 1 つ目は Meaning（意味）です。今から説明することがどういう意味を持つのかを話します。2 つ目は Mechanism（構成）で、これから話すことの概要を伝えます。最後は Message（意義）で、相手にとって情報がどのような意義を持つのかを伝えます。例を挙げてみましょう。

> **Meaning**
> （意味）
>
> 「これから私たちの業務に最も影響を与える機能の設定方法を説明します」

> **Mechanism**
> （構成）
>
> 「3 つの主要機能と 5 つのサブ機能があります。あらかじめ設定した数値になると 30 パターンから機能が呼びだされます」

> **Message**
> （意義）
>
> 「つまり、現在私たちの判断でやっていることが自動化されるわけです。速いだけでなく、ミスも減ります」

　**この 3 つの M を言わないまま説明を始めると、相手は「自分にとってどんな意味があるの？」と疑問を持ちながら聞くことになる**ため、説明後に「で、今の話はどういう意味なの？」と聞いてくるわけです。

## ▶ 余計なことを言わない

　もう 1 つ重要なのは「余計なことを言わない」ということです。例えば、道順の説明で「右に曲がって信号手前の左手がイベント会場です」と言えば済むところを、「右に曲がると調達に使う店があるんです。まっすぐ進むと信号がありますが、信号までは行かないでください。それで左側だったかな？　にイベント会場があります」と**思いつくままに情報を伝えては相手が混乱します。必要な情報だけを伝えましょう。**

**Chapter 2**　話し方を変えるだけで聞いてもらえる　**075**

# 7

 緊張をやわらげたい
 **理解してもらいたい**
 適切な言葉で伝えたい
 要領良くこなしたい
 説得したい
 ミスを防ぎたい

# 相手を迷子にしないように話そう

## ▶ 現在地を指し示す

「今、何の話をしてるの？」と聞かれてしまう場合には、聞き手が話の筋道をつかめていない証拠です。自分は全体像を把握しているので、話の進み具合や今後の流れを理解できますが、相手は全体像を知りません。山登りにたとえるとあなたはその山道をよく知っているけれど、一緒に登る人は知らないという状況です。今まで進んできた道と現在地、この後進む方向を伝えないと、不安になってしまいます。

プレゼンではこれまで話したことを振り返って現在地を伝える必要があります。**タイミングとしてはスライドを次のページに進めるときや、章立てが大きく変わるときに、現在地を認識してもらいましょう。**

〈プレゼンでは適宜、道案内が必要〉

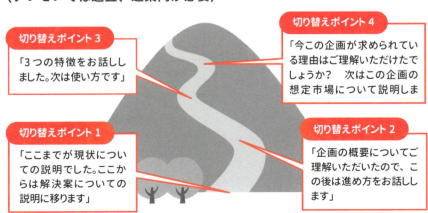

切り替えポイント3
「3つの特徴をお話ししました。次は使い方です」

切り替えポイント4
「今この企画が求められている理由はご理解いただけたでしょうか？　次はこの企画の想定市場について説明しま

切り替えポイント1
「ここまでが現状についての説明でした。ここからは解決案についての説明に移ります」

切り替えポイント2
「企画の概要についてご理解いただいたので、この後は進め方をお話しします」

## ▶ 3T ＝ Touch/Turn/Talk で説明する

「それどこに書いてあるの？」と言われてしまった場合、相手は資料の中で現在地を見失っています。資料を作った自分はこのグラフのことを説明しているから相手もそれを見ていると思うかもしれませんが、初めて見る資料は見知らぬ地図を見るようなものです。見知らぬ地図で「3丁目の交差点では……」と言われても「3丁目ってどこ？」と見つけにくいのです。そのため、**資料のどこを見てほしいのかを指し示した上で、説明を始めます。**スクリーンに投影して説明する場合は「3T」という動きをしてみましょう。

〈スクリーンで現在地を指し示すための3T〉

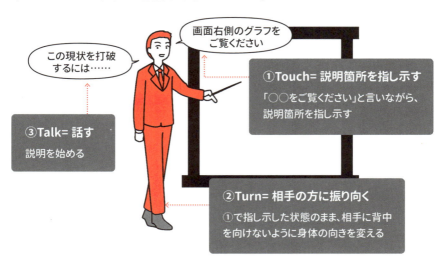

3Tはあまり頻繁に繰り返すとクドいので、スライドの中で1、2回くらいがよいでしょう。また、紙の資料で説明する場合も同様です。「○ページの左上の表をご覧ください」とこれから説明する箇所を口頭で伝えた上で説明するのです。特に紙の資料は相手が別のページを見ていることもあるため、ページもあわせて伝えるようにしましょう。

# 8

# 読むだけで済むスライドを作ろう

## ▶ メッセージラインを書いておけば安心できる

　緊張で頭の中が真っ白になってしまって何を言ってるのか自分でもわからなくなってしまう……よくありますね。よくあるからこそ、対策をとっておく必要があります。対策としては言うべきことを資料に書いておくという方法が一番です。

　パワーポイントの場合には、図のようにスライドタイトルの下に2、3行でメッセージラインを作って説明事項や主張などを書いておけば、詳細の説明を省くことができます。**本当に頭の中が真っ白になったときは「こちらに書いてある通りお伝えしたいことは〇〇です」と読めばいい**のです。私はかなり緊張するタイプなので、資料にメッセージラインをきちんと書いておいたところ、「清水さん、説明しなくてもわかりますよ」と言われてとても気がラクになったことがあります。

　メッセージラインは別名、印象的な部分という意味で「パンチライン」とも言われます。スライドごとに伝えたいことをここに書いておきます。補足資料も含めてメッセージラインは全ページにつけるようにしましょう。ページによってつけたりつけなかったりするのは良くありません。

　**困ったときに最も頼れる資料はグラフなどボディ部分を見なくとも、メッセージラインを読めばその資料で言いたいことが全てわかるレベルのもの**です。資料の中身を作り込む前にまずはメッセージラインだけを書いてみるのがおすすめです。資料を作り込んだ後から「えーっと、このグラフで何が言いたいのだっけ？」と考えるのは本末転倒です。メッ

セージラインには、「A社が目標未達」などグラフや表の説明だけでなく、「考えられる要因は〇〇であり、来月に向けて△△を実施する」など解釈や主張を含めます。

〈メッセージラインを繰り返す〉

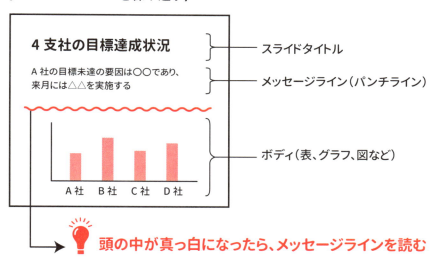

### ▶ まとめページで資料全体を語る

各ページにはメッセージラインをつけますが、資料全体の冒頭と最後にはまとめページを入れましょう。冒頭のまとめページでは「本日お伝えすること」とタイトルを入れて、目次としてほしいことを説明します。プレゼンの冒頭は特に頭の中が真っ白になりやすいですが、このページを準備しておけば、**「今日お話ししたいことはこちらです」の一言だけで伝えることもできます。**

最後のまとめページでは、冒頭のページに追加するかたちで要約やつまでに何をしてほしいのかを書いておきます。

ここまで書いておけば頭の中が真っ白になったとしてもたいていは乗り切れます。

〈冒頭のスライド〉

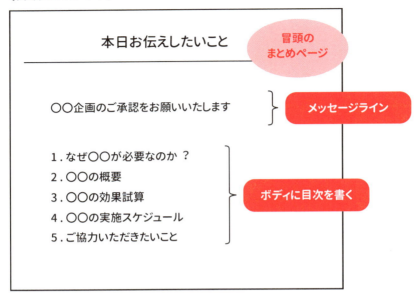

〈最後のスライド〉

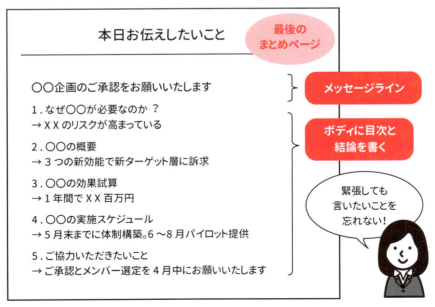

## ▶非常ボタンを用意しておく

プレゼンに慣れている人やプロの人でも話す内容が飛んでしまうことはあります。頭の中が真っ白になってしまうのは、緊張もその理由の1つですが「一言一句間違えずに、正確に伝えなくてはいけない」というプレッシャーからくることも多いでしょう。

私も初めての講演では、用意した台本を暗記することに注力していました。しかし、あるとき話す順番を間違え、かなり焦って結局飛んでしまったことがありました。それ以来「多少の言い間違いや順番の違いがあっても、キーワードや大筋だけ合っていればOK」と考えるようにしたところ、とても気持ちがラクになり、内容が飛ぶことがなくなりました。

とはいえ、**初めてのテーマで話す場合、キーワードや具体的な数値などを覚えきれないことがあります。そのようなときには非常ボタンを準備して乗り切ります。**非常ボタンは真っ白になったときに「絶対に話すこと」や「間違ってはいけない情報」などを書いたメモのことです。

非常ボタンの設置にはいくつかやり方があります。1つ目は付箋に書いて、PCに貼っておくやり方です。手に付箋を持っていたこともありましたが、PCに貼ってある方がPCを操作しながら自然に見ることができます。2つ目はパワーポイントのノート部分にキーワードや情報を書いておくことです。スライドショー表示にするときに「発表者ツール」という表示を選択すると、スクリーンにはスライドだけが映りますが、手元のPCではスライドとノートに加え、次のスライドも見えるため、かなり安心できます。3つ目は資料を紙に印刷して手に持っておくことです。ずっと紙資料を見たままではダメですが、重要なところは資料を見て話してもよいのです。

不安な場合には非常ボタンをいくつか用意しておけば、いざというときはこれを見ればよいと思え、心に余裕が生まれます。**大切なのは伝わることですから、非常ボタンに頼っても全く問題ないと思ってください。**

9 緊張を やわらげたい / 理解して もらいたい / 適切な言葉で 伝えたい / 要領良く こなしたい / 説得したい / ミスを 防ぎたい

# 説明の3つの型に当てはめるだけで伝わる

## ▶ 説明は3つの型で行う

グラフ、図表などを駆使して資料を作ってみたものの、どう説明したらいいのか悩まれる方も多いようです。一生懸命説明しても「で、何が言いたいの？」と言われてしまうこともあるのではないでしょうか？

実は説明には型があります。**本項で紹介する3つの型を覚えておくと何を言うべきかが自分の中でスッキリとまとまります。**

## ▶ 説明するときに使える型「空・雨・傘」

「空・雨・傘」は事象の説明や報告に向いている型です。空は「事実」、雨は「解釈」、傘は「結論」を表しています。「空を見ると雨雲が多いので、傘を持っていった方がよさそう」という流れで因果関係を説明するわけです。例えば、あるグラフの説明で、「市場成長率は15％です」とだけ説明した場合、それは空を述べただけですから、相手は「で、何が言いたいの？」と疑問を持つでしょう。空・雨・傘で説明すると以下のようになります。

> 空 「今年の市場成長率は15％です」
> 雨 「成長はやや鈍くなってきたと言えます」
> 傘 「よってそろそろ次の主力製品を打ち出すべきです」

この3点がそろうと「で、何が言いたいの？」と言われなくなります。

## ▶結論をすぐ言いたいときに使える型「SDS法」

SDSとは「Summary、Details、Summary」の略です。最初に要約（Summary）を伝え、次に詳細な説明（Details）をした後、最後にまとめ（Summary）を述べる構成です。**SDS法は、結論を早く伝えたいときに向いています。** 初めから詳細な説明をしてしまうと、相手は「何の話をしているのだろう？」と疑問を抱えながら聞き続けることになり、イライラしてしまいます。初めに要約を伝えることで次の詳細な説明を聞く準備が整い、最後に重要なことを繰り返すことで強調できるわけです。

> **S　要約**「当社の商品開発方針に大きな影響を与える事実が調査により判明しました」
>
> **D　説明**「具体的には、75％の消費者がこの商品の魅力として、想定したものとは異なり、〇〇機能の方がより重要だと回答しています」
>
> **S　まとめ**「つまり、今後の開発においては今より多機能にするよりも〇〇機能に限定した方がよいということです」

## ▶ストーリーを語るときの型「PREP法」

PREPとは「Point、Reason、Example、Point」の略です。まず結論（Point）を述べて、次に理由（Reason）を説明し、具体的な例（Example）を出した後、最後にまとめ（Point）を述べる構成です。**PREP法は詳細に例を語るストーリー重視の説明に向いています。**

> **P　結論**「この商品で社員の作業時間を増やすことができます」
>
> **R　理由**「それは3つの自動化機能があるからです」
>
> **E　例**「1つ目の機能は自動チェックです。2つ目は……」
>
> **P　まとめ**「この3つの機能で月20時間の作業時間が削減できます」

**Chapter 2**　話し方を変えるだけで聞いてもらえる

## Column

# 読み聞かせは
# 間と抑揚のトレーニング

　私は小学生の子どもがいるので、学校の読み聞かせのボランティアは積極的に手を挙げるようにしています。

　読み聞かせは、セリフも場面展開もあり、間と抑揚の練習にはとても向いているからです。アナウンサーも絵本や本の朗読で、間と抑揚の練習をするそうです。

　話しベタな人は、間と抑揚をつけることに慣れていない方が多いと思います。**自分や親せきの子どもに絵本や物語を読み聞かせるチャンスがあれば、プレゼンの良い練習だと思ってやってみてください。**子どもが物語に引き込まれるように目一杯、間と抑揚をつけるのです。初めは抵抗があるかもしれませんが、子どもが楽しんでくれるといつしか読むことに夢中になり、間と抑揚もどんどん上達していきます。読み聞かせに慣れてくると普通に話すときにも間と抑揚が自然とつけられるようになってきます。

　私は小学校１年生の読み聞かせをする際にある本を選んだのですが、担任の先生に「１年生にはちょっと難しいかもしれません」と言われました。しかし間を意識して入れるようにしたところ、最後まで全員が集中して聞いてくれたのです。終わった後に「いつも集中力がもたない男子も聞き入っていてびっくりしました」と言われましたが、これは間を意識して取った効果です。

　普通、聞き手がガヤガヤしはじめると声を大きくして話し続けたくなりますが、**ここはグッと我慢して、静かになるまで「集中の間」を取ってみましょう。**すると次の話をしっかりと聞いてくれます。

　子どもへの読み聞かせは正直な反応を見られるので、おすすめです。

# Chapter
# 3

## 話しベタさんに必須の
## 聞き手分析

Chapter **3** の概要

# 何を報告したらいい？

頼まれて部門の売上などの結果を会議で報告。「え、これだけ？」と言われてしまった。上司が聞きたかったのは新しい取り組みの概要や効果だったようだ……。

# こんな悩みはありませんか❓

☐ いつも何となくプレゼンしてるけど上手くいっていない気がする

···→ **プレゼン全体の目的とゴールを決めよう** （3章1項）

☐ 「報告して」と言われたけど、そもそも何を求められているのかわからない。報告したら「聞きたいのはそんなことじゃない」と言われた

···→ **頼まれたプレゼンには「聞き手分析」が必須** （3章2項）

☐ 「就活セミナーで会社について話して」と言われたけど何を話せばよいのかわからない

···→ **聞き手に直接確認できない場合には過去から学ぶ** （3章3項）

☐ 言われた通りに作った資料なのに「何か違う」と言われてしまった

···→ **相手の期待値と内容レベルをすり合わせよう** （3章4項）

☐ 意見が通らず、ダメ出しされて終わってしまう

···→ **相手からの反論を意識しておこう** （3章5項）

☐ 関係者が多く、興味やこだわりポイントが違って決めてもらえない

···→ **全員を納得させるために事前に相談しておこう** （3章6項）

---

## 本章のゴール

**あなた** ···→ 的外れな主張がなくなり、修正などによる二度手間が減る

**相手** ·······→ あなたが言っていることに共感してくれる

# 1

 緊張を
やわらげたい
 理解して
もらいたい
 適切な言葉で
伝えたい
 要領良く
こなしたい
 **説得したい**
 ミスを
防ぎたい

# プレゼン全体の目的とゴールを決めよう

### ▶ ビジネス会話には常に目的が必要

　プレゼンや会議での発表、打合せで、何のために話すのかを決めていますか？「話せと言われたから……」という方もいるかもしれませんが、それではそもそも上手くいったのかどうかさえ、わかりません。
　日常会話と違って**ビジネスでのコミュニケーションには全て目的があります。**目的を決めることで説明内容や資料の構成などが定まってきます。

### ▶ プレゼンのゴールは相手に何をしてもらいたいか

　では、目的の設定方法を説明します。**まず決めるべきことは相手にしてほしいことです。**相手の行動を表すように注意して設定しましょう。例えば、目的を「〇〇を報告する」「〇〇を説明する」「〇〇を相談する」と自分の行動で設定するのは NG です。あくまでも相手にどうしてほしいのかを明確にしなければなりません。
　「A マネジャーに営業活動についてアドバイスをもらう」「B さんに新しい業務を一通りできるようになってもらう」などが正しい目的です。
　ここでさらに気を付けたいのは、最終的、かつ具体的な相手の行動で表すということです。例えば「B さんに理解してもらう」というのは最終的な行動ではありません。説明内容を理解した相手に、最終的に何をしてほしいのかを決めましょう。
　具体的な行動がゴールになっていないと、そもそもプレゼンが上手くいったのかどうかがわかりませんし、資料や構成も定まりません。

〈目的の設定〉

**相手に何をしてほしいかを考える**

✕「予算について相談する」　　✕「A部長に理解してもらう」

自分が主語になっている　　　　最終的な行動になっていない

〇「A部長にプロジェクトの予算を承認してもらう」

相手にとってほしい行動が一目瞭然

## ▶相手に理解してほしいことを1つに絞り込む

　具体的な行動が決まったら、その行動を取ってもらうために特に理解してもらいたいことを決めます。ここではあれもこれもと欲張らず、1つだけに絞りましょう。

　この一点を決めておくことで説明に一貫性とインパクトが出てきます。話しベタな人は話の軸が定まっていないことが多いため、あちこちに話が飛んでしまいがちです。ここで相手に行動を取ってもらうために、理解する必要があることをしっかりと考えると、**軸が定まって無駄な説明を省くことができます。**

〈目的から理解してほしいことを考える〉

**目的**
A部長にプロジェクトの予算を承認してもらう

↓ そのために伝えたいことは？

**理解してほしいこと**
プロジェクトが成功した場合の効果

Chapter 3　話しベタさんに必須の聞き手分析　089

## ▶相手にどんな心理状態になってもらうべきか？

　**ゴール設定の最後は相手の心理状態です。**説明を聞いた相手がどのような気持ちになったら最終的な行動を取ってくれるかを考えます。これを考える人はとても少ないと思いますが、実はとても重要です。

　例えば新しい業務説明書を作って説明する場合、ついあれもこれもと詰め込みたくなりますが、もし自分が説明される側だったらどんな気持ちになるか想像してみてください。

　「何だか面倒くさそう」「内容が多すぎて覚える気にならない」「自分には難しいかも」そんな気持ちになるかもしれませんね。すると早く新しい業務を覚えてできるようになってもらうという最終的なゴールの達成は難しくなってくるのではないでしょうか？

　**相手に早く新しい業務を覚えてほしければ「これなら自分でもできそう」「すぐにでもやってみたい」などの心理状態になってもらうことが望ましいのです。**そのためには難しい専門用語を少なくしたり、枚数を減らして必要なことだけに絞り込んで、省く分は添付資料にしたり……など説明や資料の構成などで工夫すべきことが見えてきます。

　ここまで考えたら、次に聞き手分析をすることで伝え方の方針を決めましょう。

　明確なゴールを設定することはプレゼンの軸を作ることになります。「何となく伝わればよい」という曖昧なゴール設定で行うプレゼンでは、準備段階でも軸が定まらないため、「とりあえず手元にある情報をまとめる」ことになってしまいます。

　すると説明も「とりあえず準備したことを全部話せばよい」となってしまい、プレゼンを聞いた相手は「で、何をしてほしいのだろう？」と戸惑ってしまいます。ゴールが決まれば、それに向けて準備や話し方が定まってきます。

090

〈望ましい心理状態を考える〉

| 目的 | 新人に新しい業務を一通りできるようになってもらう |
| 理解してもらうこと | 新しい業務説明書の内容 |
| 心理状態 | 「自分にもできそう」「やってみたい」と思ってもらう |

内容を全て細かく正しく説明する　　　優先度の高い内容だけを
　　　　　　　　　　　　　　　　　　専門用語をかみ砕いて説明する

## 良くない心理状態　　　　望ましい心理状態！

面倒くさそう　　難しそう

すぐにでもやってみたい　　自分でもできそう

〈成功プレゼン例〉

| 目的 | A部長にプロジェクトの予算を承認してもらう |
| 理解してもらうこと | プロジェクトが成功した場合の効果 |
| 心理状態 | プロジェクトのサポーター気分になってもらう |

コストは○○で、Aプロジェクトが成功した暁には○○、○○、○○があります。プロジェクトの予算承認をお願いします

**→相手の心理状態まで考えて、話し方に盛り込む**

緊張をやわらげたい　理解してもらいたい　適切な言葉で伝えたい　**要領良くこなしたい**　説得したい　ミスを防ぎたい

# 頼まれたプレゼンには「聞き手分析」が必須

## ▶依頼されてまず行うこと

　自分から発信するプレゼンではなく、上司やお客さまなどから「説明して」「報告して」と**頼まれて行うプレゼンの場合には、聞き手分析をしながら目的やゴールを考えていきます。**聞き手分析は話す内容を決める上でとても重要です。自分の中に目的やゴールがある場合でも、ここを疎かにすると何度やっても納得されることはありません。聞き手の「期待」と「理解」を明らかにすることに意識を向けるのです。

## ▶答えは相手の中にある

　なぜこのような聞き手分析が必要だと思いますか？　失敗している説明や資料は、大きく2つに分類することができます。
　**1つは、相手の期待がわかっていないもの。**聞き手が何を期待しているのかをわからないままに資料を作り、「私が聞きたいのはそんなことじゃない」と思われるケース。皆さんも自分が聞く側としては、よく経験されているのではないでしょうか？
　**もう1つは、聞き手の理解度がわかっていないもの。**伝えたいテーマに対して相手が持っている知識量や情報量を考慮に入れず、一方的に説明し、結果的に相手に「何を言ってるのかよくわからなかった」と思われてしまっているケースです。
　このように相手の「期待」と「理解」の把握は、どちらが欠けていても効果的な説明にはなりえません。

## ▶ まずは「期待」の把握から

まずは**聞き手の期待するテーマを知るために、人物像がわかる情報を集めましょう。**人物像は、現在おかれている状況であるヨコのつながりと、経歴など時系列の情報であるタテのつながりで見ていきます。

ヨコ軸は幅を一番狭く取るなら、相手の現在の仕事状況です。例えば、「部門の仕事の効率化を進めたい」「上層部から新しい集客方法が求められている」など相手の状況や関心事を探ります。幅を広げるなら、部門全体の仕事、同僚や上司、さらに関連部門の状況という範囲で考えます。

また聞き手が大勢いる場合、例えば会社説明で学生向けに話すのであれば、受けてきた教育・時代背景など世代としてタテの情報を調べたり、現在の就活状況や興味関心などをヨコ軸の情報として集めたりします。

タテとヨコのつながりで相手の関心のあるテーマを把握したら、次に何を重視するのかを次の4つのタイプを参考に考えてみましょう。**同じテーマでも、人によって報告・提案に求めるものが違ってくるからです。**

〈最重視項目別！　聞き手の4タイプ〉

**結果重視タイプ**
売上、収益性、スピード

**革新性重視タイプ**
新しさ、面白さ、創造性

**確実性重視タイプ**
計画性、実現可能性、権威

**関係性重視タイプ**
人間関係、組織間の関係

例えば、同じ営業活動の報告でも期待が異なると成功するプレゼン内容が変わってきます。売上情報などを期待する結果重視の人もいれば、新しい取り組みを期待する革新性重視の人、計画通りに進んでいるのかが気になる確実性重視の人、他部門と合意を取って問題なく進めているのかどうかが気になる関係性重視の人もいます。

　**また重視することがわかれば、相手の反論も予想できます。**

　この、期待を把握するという作業は難しいのですが、これをしないまま話してもたいていは上手くいきません。直接聞いたり、周囲の人に確認したりするとよいでしょう。資料集めの前に必ず行うようにしましょう。

## ▶次に「理解」レベルを把握する

　次は伝えるテーマに対して相手が持っている予備知識や前提情報を把握しましょう。**相手の専門性を把握した上で、テーマに対しての理解レベルを「Why（必要性の理解）」「What（前提の理解）」「How（詳細の理解）」と分けて把握するとよい**でしょう。例えば、部門のコミュニケーション改善でSNSの活用を提案する場合、なぜ自分にSNSが必要なのかを理解しているかどうかがWhyです。SNSそのものについての知識や情報がWhat、SNSを具体的にどう使うのか、どのように導入するのかがHowの知識や情報です。この確認が欠けていると、SNSを知らない人に詳しい導入方法を説明してしまうことにもなりかねません。

　たとえ調査報告であっても同様です。

## ▶聞き手分析で安心して話すことができる

　話しベタさんは話すことそのものが苦手というよりは、何を話してよいのかがわからない人が多いと言えます。何を話してよいのかわからない→相手の反応が良くない→ますます苦手意識を持ってしまう……という負のサイクルに陥っています。話の内容を決める前に、相手の期待と理解を把握する聞き手分析を行えば、話す内容・順番が見えてきます。次ページの表をもとに聞き手分析をしっかりとしてみましょう。

## ＜業務改善プレゼン聞き手分析＞

**相手** 山田さんと鈴木さんの２名

**テーマ** 部門の業務改善について

| | | 山田さん | 鈴木さん |
|---|---|---|---|
| **期待** | プロフィール | マーケティング部門部長。今年着任 | 企画グループリーダー |
| | 関心事項 | 上層部から生産性向上について強く言われているが、成果に対するこだわりが強い | 競合の新企画に対して強い危機感を抱いている。とにかく仕事好き |
| | 期待すること | 仕事効率化。生産性向上 | 新企画や成果を出すことが重要なので、業務改善はあまりしたくない |
| | 重視すること | 結果 | 革新性 |
| | 想定される反論 | 「時短にしたら成果が落ちるのではないか？」 | 「短い時間にしたら仕事の品質が落ちる」「若手が育たない」 |
| **理解** | 専門領域 | クリエイティブ系 | 商品企画 |
| | Why（必要性の理解） | 高 | 中 |
| | What（前提の理解） | 中 | 低 |
| | How（詳細の理解） | 低 | 低 |
| **伝え方の方針** | | ・他部門と比較した現状分析で危機感を持ってもらう<br>・同業他社や同じ職種で生産性と成果を両方向上させた改善事例を伝えて興味を持ってもらう | |

# 3

 緊張を
やわらげたい
 理解して
もらいたい
適切な言葉で
伝えたい
 要領良く
こなしたい
説得したい
 ミスを
防ぎたい

# 聞き手に直接確認できない場合には過去から学ぶ

### ▶ 依頼者と聞き手が違う場合に困ること

「今度全社会議でうちの部門の活動について話してくれる？」「就活生向けのセミナーで仕事紹介をしてほしい」などと上司や人事部から突然頼まれると何を話したらよいのか、困ってしまいますね。特に、聞き手に直接聞けない状況ではより難しいと感じるかもしれません。

### ▶ 過去の例を探そう

このような場合にも、聞き手分析が基本です。相手に聞けない状況での聞き手分析では、**これまで他の人がどんな話をしたのか、依頼者に資料などを見せてもらう**のです。就活生向けのセミナーの例であれば、これまでの会社説明会で使った資料などを見せてもらえば、話すべき要点を簡単に把握できます。

それでも不安であれば、就活セミナーで競合他社がどんな自社説明をしているのかを見に行くのもよいでしょう。過去の資料だけでは話すことが見えてこない場合もあります。特に普段接していない人が聞き手の場合には自分で想像することにも限界があります。

**過去の例を見るときに重要なのは他の話し手が話す内容との差別化ポイントを見つけること**です。就活セミナーに参加する学生は当然他社の説明も聞くため、他社とは違う自社の良い点をアピールする必要があるわけです。過去の例から他の人が何を話しているのかという情報を集め、話の流れと自社のアピールポイントを把握しましょう。

## ▶当日初対面になる相手のリサーチ方法

　**次に依頼者と最終的な聞き手の期待と理解レベルを把握して話す内容を絞り、話し方を考えます。**まずは依頼者から「自社に興味を持ってほしい」「社風に合う人にきてほしい」などの期待を聞いてみましょう。

　それから最終的な聞き手の期待と理解レベルを確認します。依頼者から聞くか、Webや雑誌などを使ってリサーチしてみましょう。例えば就活サイトを見ると、学生の興味関心、企業を選ぶ際の視点が見えてきます。**話しベタさんは相手の視点になることが苦手ですが、相手を知らないということも要因なので、リサーチを必ずするようにしてください。**

　普段接していない相手の場合には特に慎重にならなければなりません。自分では当たり前だと思って簡単な一言で済まそうとしていることが相手にとってはピンとこないことがあります。例えば資料に、職場風景・仕事で使う道具の画像や動画などを入れると鮮明なイメージを伝えることができます。

　学生向けのプレゼンとして説明してきましたが、他部門に対して自部門のことを説明する際も同様です。相手を把握した上で、イメージが伝わる表現を考えてみましょう。

### 〈依頼者と聞き手が異なる場合に確認すべきこと〉

#### ①過去の例から話す内容を把握し、違いを出すべき点を考える

- ☐ 過去の発表者が行ったプレゼン内容は？
- ☐ 過去の発表者と違いを出すべきプレゼン内容は？

#### ②聞き手分析を行い、話す内容を絞って表現の仕方を考える

- ☐ 依頼者と聞き手が期待することは？
- ☐ 聞き手の理解レベルは？

# 4

 緊張を
やわらげたい

 理解して
もらいたい

適切な言葉で
伝えたい

 要領良く
こなしたい

 説得したい

 ミスを
防ぎたい

# 相手の期待値と内容レベルをすり合わせよう

## ▶ 資料や説明に対する期待値をコントロールする

突然ですが、プレゼンの満足度は何によって決まると思いますか？

これは相手の期待値に一致しているかどうかによって決まります。

上司に頼まれて資料を作ったのに「イメージと違うんだよね」「もっと詳細な説明をしてほしかった」と言われ、さらに修正後も同じようなことを言われてしまう場合には、この期待値コントロールに失敗しているということです。自分からプレゼンをさせてほしいと頼む場合を除くと、プレゼンを依頼する相手にはすでに聞きたいことのイメージがあります。

**聞き手分析で相手の期待をきちんと把握した上で、期待値のコントロールをする必要があります。**

期待値とは、相手が資料や説明に対してどれくらいの水準を求めているかということです。**具体的には品質（Quality）、費用（Cost）、納期（Delivery）という3つの条件を相手と合意することです。**頭文字を取ってQCDと呼ばれ、もともとは製造業の生産管理で重要な視点ですが、他の仕事にも当てはまります。

期待値をコントロールできれば、少々品質が低かったとしても「この条件ならこれくらいできていればOK」と相手が満足するので、効率良く終わらせることができます。逆に言えば、期待値コントロールができなければいくら内容の品質が高かったとしても満足度は低く、ダメ出しされてしまい、無駄な作業となってしまいます。

この３つはトレードオフの関係にあります。ある品質を満たそうとすれば、投入する費用（時間やお金）や時間がある程度必要になります。もし、費用をあまりかけられないとすれば、品質を犠牲にするか、納期を遅らせるということになるわけです。

〈QCDのトレードオフ〉

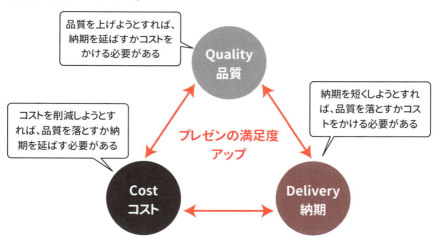

## ▶求められた品質（Q）に合わせる

**まずは品質に求める水準を相手に確認します。**全体情報については概要レベルか詳細レベルか、数値については確定済みか仮の概算でよいのか、リサーチ結果についてはどれくらいの範囲や精度が必要なのか、計画発表については関係者の合意まで必要なのかどうかなどです。

　また表現方法も品質の水準として確認しましょう。凝った体裁は不要でコンパクトにまとめた方がよいのか、枚数やボリュームはどれくらいがよいのか、グラフなどで加工した見やすい表現が必要なのか、加工しない数値のままでよいのかなどです。

　できれば手書きでノートやホワイトボードなどに書いてイメージをすり合わせておくとよいでしょう。

Chapter 3　話しベタさんに必須の聞き手分析　099

例えば、手順の説明資料を求められた場合、簡単な箇条書きレベルかフロー図レベルか、数値は表とグラフのどちらの表現がよいのかを確認します。当然図解の方が作業時間はかかります。内容と表現は資料作成の工数に大きく影響を与えるため、**基準をはっきりしておけば無駄な作業を省くことができます。**

〈品質（Q）の確認により工数が変わる〉

| ニーズ調査報告の場合 | ●品質<br>部内会議での検討レベル<br>●工数<br>調査範囲を限定した簡単な調査で済ませる | ●品質<br>経営会議で意思決定するレベル<br>●工数<br>しっかりした根拠となりうるデータサンプルを集める |
|---|---|---|
| 提案プレゼンの場合 | ●品質<br>どんな商品があるかがわかればよいレベル<br>●工数<br>既存の提案資料をもとに数枚で概要紹介資料を作成 | ●品質<br>コンペで意思決定されるくらい詳細なレベル<br>●工数<br>導入成功事例や競合他社との比較など強みを訴求する詳細な情報を集める |

## ▶ プレゼンの費用（C）と納期（D）はセットで伝える

次に費用と納期の交渉をします。**納期は他の仕事とのバランス、費用は調査費用などのお金がかかるものに加え、どれだけの人手をかけるのかも含まれます。**例えば、「明日までに仕上げてほしい」と言われ、納期はずらせない場合には、以下の費用を確認します。

---

**確認事項**

・他の仕事を中断してもこのプレゼン準備をしてよいのか？

・長時間の残業をしてでも間に合わせるのか？

・他の人に手伝ってもらうことは OK か？

・調査にお金を使うことは可能か？

　これらの確認はそのプレゼン準備にどれだけの費用（＝金額と人手）をかけてよいのかという確認です。例えば、有料データを使ってよければ、短時間で精度の高い情報の入手が可能になります。

　以前は仕事時間が費用という認識が薄かったと思いますが、長時間労働が見直されている現代では、準備にかける時間を依頼者とすり合わせておくのが基本です。結果的にこれが期待値コントロールになります。

**資料の品質や完成度を上げて完璧にすることは大切ですが、無駄な努力にならないように、相手の期待値を 3 つの点で確認しましょう。**

## 〈費用（C）と納期（D）を交渉する〉

### ●ニーズ調査報告の場合

| 費用のパターン | 納期 |
|---|---|
| 調査を自前で行う（人数×時給） | 2 週間 |
| 外部のオンライン調査会社を使う（目安 10 万円程度） | 1 週間 |
| 適用できそうな既存の有料データを使う（目安 3 万円程度） | 2 日 |

### ●提案プレゼンの場合

| 費用のパターン | 納期 |
|---|---|
| 現状の仕事と並行して準備する | 3 日 |
| 現状の仕事を中断して準備する | 2 日 |
| 現状の仕事を中断し、同僚にも手伝ってもらう | 1 日 |

# 5

 緊張を
やわらげたい
 理解して
もらいたい
適切な言葉で
伝えたい
要領良く
こなしたい
 **説得したい**
 ミスを
防ぎたい

## 相手からの反論を意識しておこう

### ▶ 反論も聞き手分析で考えておく

　一生懸命に準備しても反対されずにプレゼンがすっと通ることは稀です。立場の違いからくる反論はあって当たり前と思っておきましょう。**大切なのはその反論を「自分へのダメ出し」と捉えないことです。** 様々な視点による反論はプレゼンテーマへの理解を深める道具です。

　とはいえ、プレゼン中に反論に何も答えられないのは困りますよね。一番良いのは、聞き手分析をする際に、相手から言われそうな反論も一緒に予測することです。3章2項で確認したタイプ別に、反論を考えてみましょう。これらの反論を受けてもフリーズせず、きちんと考えた内容であることをアピールする対応が必要です。

〈聞き手の反論を予測して対応を用意しておく〉

 **結果重視の人の反論**

「それで売上はどれくらい見込めるのか？」
⇒「売上については概算ですが最小で○円、最大で○円くらいです」

 **革新性重視の人の反論**

「うーん、ありきたりだなあ」
⇒「普及してきていますが、この領域においてはまだ新規性があります」

 **確実性重視の人の反論**

「スケジュールは納期に間に合うのか？」
⇒「関連部門に確認したところ3日間のバッファがあれば吸収可能とのことです」

 **関係性重視の人の反論**

「それは営業部が反対しそうだ」
⇒「個別説明会を実施して理解を得たいと考えています」

## ▶「ちゃんと考えたのか?」という意味で聞かれていることも

反論があると自分では反対されたと思ってしまいますが、実は案自体に反対しているわけではない場合もあります。

相手に「きちんと検討したのか?」「しっかりと考えたのか?」という意味で聞かれている場合です。これは提案や企画に対しての熱意や覚悟を問われているとも言えます。

こういう場合にフリーズしてしどろもどろになってしまったら、「やっぱりきちんと考えてないな。ということは、この案はよく練られてないんだな」と受け取られてしまうかもしれません。

このように試されている場合には、相手のそれぞれの反論に対してその場しのぎであれこれと答えるよりも、**思い切って不安がある点を伝えて協力を仰いでしまった方が得策です。**

---

**不安を伝えてみる**

- 「〇〇の点については私自身不安に感じていたところです。相談に乗っていただけないでしょうか?」
- 「〇〇の視点は抜けていました。どのように進めたらよいでしょうか?」
- 「この点について、協力していただくとしたらどなたでしょうか?」

---

こちらの本気度をうかがう反論に対しては、このように、前向きに進める意思を示しつつ、協力を仰ぐのです。反論に対して反論すると、さらに厳しい反論で攻められた挙句「やっぱりダメだな。やり直し」ということにもなりかねません。

**反論に備えるということは、あらゆる視点で自分の企画や提案を成功するものにすることにもつながるのです。**

# 6

 緊張を
やわらげたい

 理解して
もらいたい

 適切な言葉で
伝えたい

 要領良く
こなしたい

 **説得したい**

 ミスを
防ぎたい

## 全員を納得させるために
## 事前に相談しておこう

### ▶ プレゼンの良し悪しに関係なく反対される理由

　複数の人が相手の場合、全員に納得してもらうことは大変です。たとえ**プレゼン内容と相手の期待や関心事項がマッチしていても、反対されるケースが2つあります。**

　1つ目は聞いた話が寝耳に水で「聞いてない！」となってしまうパターン。2つ目はとっさに何を言われたのか理解が追いつかないので反対するというパターンです。

　1つ目のパターンの相手は内容に反対しているわけではなく、事前に聞かされていないことで自分のメンツが潰されたと感じた結果、反対に回るということも多いのです。一度出した反論は簡単に引っ込められず、さらに反論材料を見つけ出そうとすることさえあるでしょう。**一度否定的な気持ちになってしまうと、内容の良し悪しではなくなってしまいます。**

　2つ目のパターンは特に相手にとって重要なことや新しい情報を伝えるときによく起きます。すぐに理解が追いつかないためです。**インパクトが大きい話には情報を消化する時間が必要なのです。**例えば、提案にはそれまでのやり方を否定することが含まれますし、企画であれば新たな変化を狙ったものがほとんどです。論理的・客観的に正しいことを言われたとしても、すぐに消化できず反対してしまうのです。

　つまりどちらも、話の内容やプレゼンの仕方の良し悪しではなく、それ以前のコミュニケーションの問題なのです。

### ▶根回しは悪習慣ではない

　反論を防ぐためには、いわゆる「根回し」が必要です。根回しというと日本企業の悪習慣と思われる人もいますが、欧米でもプレミーティングやブリーフィングなどと言われて行われている世界的な事前準備です。

　**根回しでは、事前に概要を伝えておきます。**立ち話で5〜10分程度の短い時間でも、打合せの時間を取っても構いません。これで「聞いてない！」という事態は防げますし、情報を消化して受け入れてもらう時間も取れます。これは聞き手分析の1つのやり方でもあります。このひと手間をかけることで、会議で反論を防げるのですから、話すのが苦手な人こそやっておくべきでしょう。

### ▶報告・提案ではなく、「相談」しておく

　根回しの際に有効なのは、すでに決まったことを伝える報告ではなく、「相談」のかたちを取ることです。

〈相談の言い回し例〉

**報告・提案**　「新しいPCの導入を検討してください」

↓

**相談**　「新しいPCの導入を考えているのですが、アドバイスをいただけますか？」
「注意すべき点があったらぜひご意見をいただきたいです」
「進め方で気になる点はありますか？」

　**自分の意見やアイデアが反映された内容が会議で発表されれば、人は自分事として受け入れることができます。**そうすれば、他の人から反論が出たときに味方になってくれることもあります。根回しは相手の驚きと怒りを抑え、味方になってもらうコミュニケーションなのです。

## Column

# 話し上手な人は
# どんなことをしている？

　私は周囲のプレゼンが上手な人にどんな工夫をしているのかを聞くことが好きです。皆さんにも参考になるかもしれませんので、いくつかご紹介します。

### ●プレゼン前　気分を高める／落ち着かせる

　音楽を聴くという話は1章でもしましたが、曲の例としては、落ち着くためにクラシックを聴く人もいれば、気分を高めるためにQueenの「We Will Rock You」やMichael Jacksonの「Man In The Mirror」という人もいました。また、集中するために別室やトイレにこもって最終イメトレをする人と、始まる前に、相手や関係者とコミュニケーションを取って気持ちを高めるという人に分かれました。

### ●プレゼン中　相手を味方にする

　「相手の子ども時代を思い浮かべる」という人がいました。怖そうな人でも可愛い子ども時代があったのだと思うと親近感が湧くそうです。また、「○○さん、いかがですか？」「○○さんならA案ですよね？」と意識して相手の名前を呼ぶと相手は確実に前向きになるそうです。

### ●プレゼン後　プレゼンのフィードバックを自分から聞く

　「聞いてみると良いところや改善点など様々なことを教えてくれるので、聞かない手はない」そうです。お客さまへの提案後は、自社メンバーで振り返りを行うという方も多かったです。

　話し上手な人も様々な工夫をしているのがわかると、自分もやりたくなってきませんか？

# Chapter
# 4

## 話の材料と筋道で
## 9割決まる

## Chapter 4 の概要

# 商談でお客さまが乗り気じゃない

そもそも私は人と話すのが苦手なのに、商談なんてもっと苦手。いつも丁寧に説明しているのに、お客さまは興味がない様子……説明したばかりの内容を質問されることも。やっぱり私に人前で話すことは向いてない？

# こんな悩みはありませんか❓

□「で、何が言いたいの？」と言われてしまう

┈➡ **ピラミッドで整理して主張と根拠をそろえよう**（4章1項）

□ どんな順番で話せばいいのかわからない

┈➡ **ストーリーの型を使ってメッセージを伝えよう**（4章2項）

□ 決めてほしいのに、「これでは判断できない」と言われる

┈➡ **選択肢を用意して決めてもらおう**（4章3項）

□ 話や内容に興味を持ってもらえない

┈➡ **ストーリーに意外性を持たせよう**（4章4項）

□ 話している途中で「そうだ、あれどうなってる？」と遮られてしまう

┈➡ **相手の疑問を解消する筋道構成パターンを使おう**（4章5項）

□ 説得力のあるデータや情報が集められない

┈➡ **説得力を生む一次情報と二次情報を探そう**（4章6項）

□ 伝えたいことが多すぎていつも時間切れになってしまう

┈➡ **情報の一軍、二軍を決めよう**（4章7項）

□「うーん、意味がわからない」と言われてしまった

┈➡ **相手がリアルに想像できる表現をしよう**（4章8項）

## 本章のゴール

**あなた** ┈➡ 興味を持って最後まで聞いてもらえる
**相手** ┈┈➡ 上手に説明されていると感じる

# 1

 緊張をやわらげたい
 理解してもらいたい
 適切な言葉で伝えたい
 要領良くこなしたい
 **説得**したい
 ミスを防ぎたい

# ピラミッドで整理して主張と根拠をそろえよう

## ▶「で、何が言いたいの？」は主張がないということ

　一生懸命説明したのに「で、何が言いたいの？」と言われてしまう方は本当に多いようです。私のところに相談にいらっしゃる方にはこの「で、何が言いたいの？」がトラウマになっている方もいます。

　とはいえ、これは相手が悪意を持ってやり込めてやろうと思って言っているわけではありません。メッセージがよくわからなくて困っているという認識に改めましょう。報告や提案は単なる状況の説明をするのではなく、メッセージを届けるものだということを意識すると「で、何が言いたいの？」と言われなくなります。

　ではメッセージとは何でしょうか？　**メッセージとは単に「伝えたいこと」ではありません。**「主張」と「根拠」の2つが含まれている必要があります。主張とは「○○すべき」「○○しましょう」という話の全体の最終的な結論です。根拠とは主張をしっかりと支える情報のことです。

　**「で、何が言いたいの？」と言われてしまうたいていの場合には、主張が述べられていないことが原因です。** そのため、相手は「この話の結論はなんだろう？」と疑問に思ってしまうわけです。たとえ一生懸命に話していても話していることが単なる情報を羅列しただけではメッセージにならないのです。

　話しベタの人には、主張を考えて「こうしましょう」と伝えるのが苦手な方が多いように思います。そのため相手に「で、何が言いたいの？」と言われてしまい、ますます話すことに苦手意識を持ってしまうのでしょう。

しかし、仕事で話をする際には最終的な結論である主張はなくてはならないものです。**主張がないということは相手に結論を考えてもらうということになり、報告や提案を丸投げしているのと同じです。**勇気を持って「全体として言えることはこうです。なのでこうしましょう／こうしたいです」と伝えていきましょう。

〈メッセージとは？〉

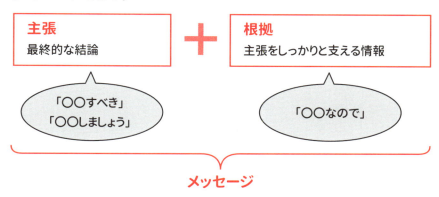

## ▶ピラミッドを使ってメッセージを作る

では主張と根拠のそろったメッセージを作るためのやり方をご紹介します。それはピラミッドストラクチャーという手法です。

次の図のようにピラミッドの頂点にある主張をメインメッセージと言います。メインメッセージを支えるサブメッセージ、サブメッセージを支える根拠……と下が上を支える構造になっています。

作り方のポイントを説明します。

❶上からか？　下からか？

作り方として、**メインメッセージから考え出して根拠をそろえていく方法と、根拠をまとめながらメインメッセージを考えていく方法の2種類があります。**

提案や企画などの主張がすでに決まっているときは、メインメッセージから下に向けてサブメッセージと根拠を関連付けながらまとめていきます。

　報告の場合は、様々な状況や情報が根拠ですから、根拠をいくつかのグループにして、そこから言えるサブメッセージを考え、最終的なメインメッセージを考えてまとめます。また、現状に問題があり改善策を提案する場合にも、現状から何が言えるのかをまとめていき、最終的にこう改善したいという改善策をメインメッセージとして導き出します。

### ❷ピラミッドの大きさ

　ピラミッドの大きさは、主張の難易度に応じて変わります。大規模な企画や提案であれば多くの根拠が必要になるため、ピラミッドも大きくなりますし、簡単な内容であればピラミッドは小さいもので十分です。**サブメッセージは目安として3つくらいに絞りましょう。**4つ以上になると多すぎて相手が理解しにくくなるからです。

### ❸根拠として使う情報を選ぶ

　根拠から積上げて作る場合は、手元にある情報を全て使わなくても構いません。不要なものはなくしましょう。根拠となりそうな情報がたくさんあると、ついあれもこれもと全部入れようとしてしまいますが、情報量が多いということは相手に理解するための負担をかけることになるからです。最終的な結論や主張を説明する前の段階で、相手を混乱させてしまうことになります。

　伝えるべき情報の選択は、わかりやすい説明をするためにはとても大切なことです。**主張に必要な根拠情報だけに絞り込むだけでグッとわかりやすくなります。**もし「これも聞かれそうだから……」と思った場合でも、メインメッセージに直接関係なければ添付資料にするなど本編からは外しておき、聞かれたら答えるようにすれば大丈夫です。

〈メッセージの考え方〉

すでに主張が決まっている？

YES  ピラミッドの上から順に、メインメッセージ・サブメッセージ・根拠を関連付けながら考える

NO  ピラミッドの下から順に、根拠とサブメッセージと最終的なメインメッセージを関連付けながら考える

〈ピラミッドストラクチャー〉

## ピラミッドストラクチャーの作り方

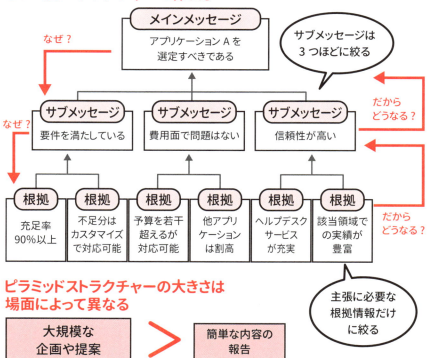

## ピラミッドストラクチャーの大きさは場面によって異なる

大規模な企画や提案 ＞ 簡単な内容の報告

Chapter 4　話の材料と筋道で9割決まる

# 2

 緊張を
やわらげたい

 理解して
もらいたい

 適切な言葉で
伝えたい

 **要領良く
こなしたい**

 説得したい

ミスを
防ぎたい

# ストーリーの型を使って メッセージを伝えよう

### ▶ メッセージを伝える順番は4つある

「何から話していいのかわからない……」という方はまずは前項を参考にして主張と根拠をピラミッドで整理してメッセージを作ってください。ピラミッドで作ったメッセージはいわば話の骨格です。

**骨格ができたら、次はメッセージを伝える順番であるストーリーを考えます。**ストーリーとは、メッセージを確実に理解してもらうために、話の位置付けや経緯、理解のために必要な前提情報を組み合わせて話の流れにしたものです。

実は多くの話がわかりにくいと言われるのはストーリーがないためです。ストーリーがないと情報がぶつ切りになり、理解がしづらいのです。**ストーリー作りはプレゼン準備の中で最も重要だと言ってよいでしょう。**ゼロからストーリーを作るのは時間がかかるので、4つのストーリーのパターンを知っていると考えやすくなります。①分解型、②積上げ型、③選択肢型、④意外性展開型です。

#### ❶王道の「分解型」

ピラミッドの最終的な結論であるメインメッセージから始まり、3つのサブメッセージから根拠を伝えるように展開します。説明の仕方としては「まず結論として〇〇すべきです。理由は3つあります。まず1つ目は〇〇です。〇〇のデータがその根拠です。……」と続けていきます。**最初に結論から述べるストーリー展開でビジネスでは王道です。**

〈分解型ストーリーの作り方〉

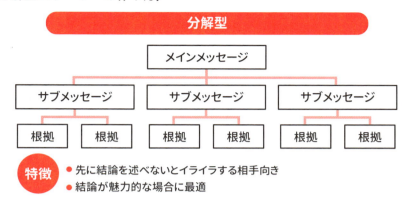

### ❷ 1つひとつ理解させる「積上げ型」

根拠や状況説明をして、その解釈（サブメッセージ）を述べ、最後に結論（メインメッセージ）を述べます。

説明の仕方としては、「まず、○○をご覧ください。これは○○と言えます。次の○○のデータからは○○ということが言えるでしょう。よって結論として○○すべきです」という流れで最後に結論を持ってきます。**初めに結論を言うと相手から反論が起こるだろうと予想される場合に、1つひとつ根拠を丁寧に説明して理解を深めていく**ストーリー展開です。

〈積上げ型ストーリーの作り方〉

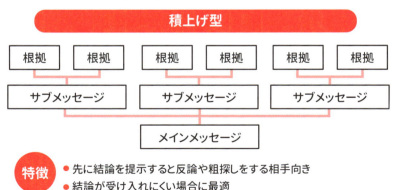

### ❸複数検討したことを伝える「選択肢型」

初めから1つの結論を提示してもなかなか決められない相手に向いています。**選択肢を2つ、3つ用意し、比較項目ごとに評価し、推奨したい案を推していく**ストーリー展開です。

説明の仕方としては、「○○の解決の仕方について4つの観点で比較を行いました。A案は○○のメリットがあります。B案は○○の観点でリスクがあります。C案は……です。よって、A案が良いと考えます」と比較を通じて最終的な結論の説得力を強調します。1つの案だけを提案するよりも様々な観点で検討したことが伝わります。

選択肢型は必要性や重要性はすでに認識されており、何かをするというところまでは決まっているものの、最後の一押しをするためのストーリーです。相手が決められないのは「他にもっといいやり方があるのでは？」「これに決めてしまっていいのか、確信が持てない」などが理由です。そこで、複数の選択肢を比較し、それらを通じて相手に検討しつくしたことを理解してもらい、最終案を選んでもらうというストーリー展開です。具体的な作り方は4章3項で説明します。

〈選択肢型ストーリーの作り方〉

### ❹興味を持たせる「意外性展開型」

新規性の高い提案プレゼンや企画プレゼンに向いています。

相手が興味を持つような意外性のある情報から入ります。次に**興味を持ったことに対して相手が感じる様々な不安を払拭する情報を提示しながら、結論に導いていく**ストーリー展開です。

説明の仕方としては「実は〇〇％の人が〇〇の経験があるということをご存じでしょうか？（相手が知らない意外性のある情報）。これを解決する手段として今、〇〇が注目されています。〇〇のリスクを懸念されていると思われますが、以前よりも安全性が上がりました（不安を払拭）。導入も低価格から可能です（不安を払拭）。一度試用を検討してみませんか？（結論）」と相手の反応を確かめながら結論まで進めます。

意外性展開型のストーリーは③と違い、まだ必要性を感じていない相手に対して、興味関心を持ってもらうためのストーリーです。興味がない状態がスタートですから、相手が意外に思うような情報で引きつけていく必要があります。具体的な作り方は4章4項で説明します。

**〈意外性展開型ストーリーの作り方〉**

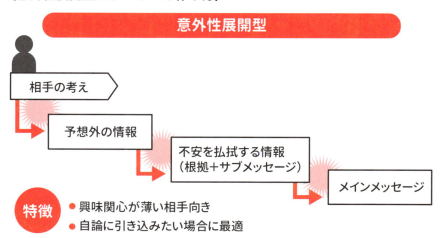

# 3 選択肢を用意して決めてもらおう

## ▶決められないのは優柔不断だからではない

相手が提案事項の必然性などをすでに理解しているのに、なかなか決めてもらえない……こういった場合には、選択肢を提示することが有効です。**決められないのは優柔不断ということではなく、他の可能性を捨てきれないことが多い**からです。

選択肢を比較することは様々な可能性を検討しながら、どれにするかを絞り込むということになります。1つの案だけで「これにしてください！」と決断を迫ると相手は、「これは調べたのか」「この点はもう少し検討すべきだ」など重箱の隅をつつくようにあれこれと指摘をしてきます。そんな状況で「絶対これがいいです！」と主張をごり押ししても、受け入れてもらうのは難しいでしょう。このときは選択肢で比較検討するストーリーの方が安心してもらえるのです。

## ▶選択肢の出し方

選択肢の数は内容によって変わりますが、まずは3つの選択肢を考えてみてください。**自分が決めてほしいと考える推奨案と、それよりもさらに積極的な案と、リスクが少ない消極的な案です。**この3案を比較することで、たいていの可能性は見えてきます。

私はコンサルタント時代に先輩から真ん中に推奨案、両脇に積極案と消極案を並べて比較すると多くの方は真ん中の推奨案を選ぶということを教えてもらいました。やはり心理的に両極端は選びにくいので、真ん

中を選ぶわけです。場合によっては４案、５案に選択肢を増やすとさら
に検討したという実感が湧きますが、あまりに複雑で微妙な違いだと混
乱してしまうので増やしすぎないようにしましょう。

　**選択肢はただ並べるだけではなく、評価項目を決め、点数や○△×な
ど評価基準を決めます。**さらに詳細に検討したい場合には、評価項目に
重み付けをします。

　例えば、商品企画の検討であれば、評価項目は「市場性」「自社の強み
を活かせるか」「競合に勝てるか」「既存商品との親和性は高いか」「リス
クがどれくらいあるのか」などが挙がります。それに対して、どれを重
要視するのか重み付けするのです。例えば市場性を最重要とするならば、
市場性の重みを４とし、評価を４倍にします。

　物事を決めるときには、他の可能性や評価方法が示されていないと「何
となくこうする」という曖昧な決め方になってしまい、確信が持てませ
ん。自信を持って「これにしましょう！」と言うには選択肢の比較・評
価が最も効果的です。

## 〈選択肢比較表の図〉

### 選択肢評価イメージ

| 評価項目 | 市場性 | 自社の強み | 競合優位性 | 親和性 | リスク | 合計 |
|---|---|---|---|---|---|---|
| 重み付け | 4 | 3 | 1 | 2 | 1 | |
| プランA | 10<br>(得点40) | 3<br>(得点9) | 6<br>(得点6) | 1<br>(得点2) | 5<br>(得点5) | 62 |
| プランB | 7<br>(得点28) | 3<br>(得点6) | 3<br>(得点3) | 4<br>(得点8) | 4<br>(得点4) | 49 |
| プランC | 7<br>(得点28) | 5<br>(得点15) | 7<br>(得点7) | 6<br>(得点12) | 5<br>(得点5) | 67 |

プランごとの
得点を計算する

**Chapter 4** 話の材料と筋道で９割決まる　**119**

# 4

 緊張を
やわらげたい

 理解して
もらいたい

 適切な言葉で
伝えたい

 要領良く
こなしたい

 **説得したい**

 ミスを
防ぎたい

## ストーリーに意外性を持たせよう

### ▶相手がつまらなさそうなのはなぜ？

　プレゼンの初めに全然興味を持ってもらえないと「やはり自分は話が下手なのだ……」と思って自信をなくしてしまいますよね。しかし、これは**一概に話し方の問題とは言えず、ストーリーの意外性の問題かもしれません。**4章2項で説明した意外性のあるストーリー展開で、相手に変化を起こすことが必要なのです。

　例えば「整理整頓は大切です」と言われても「そりゃそうだよね」としか正直思えない方も多いでしょう。これは意外性がないからです。相手にどうしても整理整頓の重要性を理解してもらいたいのであれば、次のような意外性のある情報と組み合わせることが必要になります。

> **整理整頓の重要性を伝えるプレゼン**
>
> 　「ある企業は整理整頓をすることで利益を10％向上させました。新たなことは何もせずに整理整頓をしただけで、顧客満足度調査で1位になったのです。整理整頓をしないことによるロスタイムは1人当たり年間1200時間。金額に換算すると全社で◯億円です」

　「整理整頓が大切です」というメッセージは言ってみれば当たり前の情報です。それに対して「実はあなたが考えている以上に重要なことですよ」ということを他の興味深い情報と組み合わせることで意外性が生まれ、興味を引きつけることができるのです。

意外性といっても、突飛なものや誰も知らないようなお宝情報を集めないといけないということではありません。相手が「普通こうだろうな」と当たり前に思っていることとほんの少し違う情報でよいのです。

聞き手分析（3章2項）で得た相手の期待と理解レベルから相手が意外に思うような情報を探して話の冒頭に持ってきましょう。「面白そうだな」と思ってもらえればその後の話も興味を持って聞いてもらえます。

## ▶ なぜあなたにとってこれが重要なのか？ を理解してもらう

話に興味を持ってもらえない場合の多くは、相手が自分事だと思っていないことが原因です。プレゼンの初めではメッセージの必然性を伝えた上で内容の説明に移りましょう。

私は、「**Why（必然性）→ What（内容）→ How（具体的なやり方）」という順番で相手の疑問を解消する**ようにしています。「なぜあなたにとって重要なのか？」という疑問を解消しないまま内容を話しはじめてしまうと、次第に聞き手の興味がなくなってしまいます。

相手にとっての必然性をしっかりと伝えられれば、内容そのものであるWhatや具体的な進め方であるHowに耳を傾けてくれるのです。

**〈提案する場合の流れ〉**

**Why（必然性）**

今の時代はこのように変化してきています。よって今後は〇〇の重要性が増してきます

PLAN A

**What（内容）**

このプランに加入いただければ〇〇に役立ちます

**How（具体的なやり方）**

このプランを3か月間導入した場合の事例をご説明します

**Chapter 4** 話の材料と筋道で9割決まる　121

**5** 緊張をやわらげたい **理解してもらいたい** 適切な言葉で伝えたい 要領良くこなしたい 説得したい ミスを防ぎたい

# 相手の疑問を解消する筋道構成パターンを使おう

### ▶筋道とは相手の疑問を順番に解消していくこと

「それより、あれはどうなってるの？」と話を遮られると萎縮したり慌てたりしてしまいますね。しかし相手が口に出さなくても、「聞きたいことと違う」と思われていることが実はよくあります。

物事について順を追って話すことを「筋道を通す」という言い方をします。自分としては順を追って話しているつもりなのに遮られてしまうのは、相手が考える「この順番で説明してほしい」という筋道と自分が「この順番がいいだろう」という筋道が異なるからです。

**ポイントは相手の疑問の湧く順番を意識できるかどうかです。**疑問が解消されないと、次の話をされても、「あれはどうなってるんだろう？」「そもそも今どうしてこの話をされているんだろう？」と相手の頭の中には大きなクエスチョンマークが浮かんでしまいます。相手はその疑問を解消したいという思いから遮ってしまうのです。

筋道が食い違ってしまう例をいくつか挙げてみましょう。

### ●活動報告の場合

報告をする際に最初に自分がどんな行動をとったのか、何をしたかを一生懸命説明するかと思います。しかし、それを聞いている相手は「そもそもその行動は何のため？」「成果は何だろう？」という疑問が湧いてきます。するとあなたが行動を説明している最中に「そもそも何のためにそれをやったの？」「それよりも上手くいったの？　いかなかった

の？」という疑問を途中で挟んでくるわけです。報告の場合には、「**活動の目的→活動成果→活動内容→総括→次の活動予定と課題**」という筋道で話すことで、相手の疑問を解消できます。

### ●問題の解決を提案したい場合

仕事上の問題がある場合、ついいきなり「これがおかしいです。こうしたいです」と訴えてしまうことは誰にでもよくあると思います。しかし、自分が問題だと思っていることと、相手が問題だと思っていることは残念ながら別です。**問題の認識がずれていては、その後で理路整然と解決策を話したとしても噛み合わずに却下されてしまいます。**

この場合には「あるべき姿と現状のギャップ→問題→解決案→根拠→進め方」という筋道で話します。まず「こうありたい」というところでお互いの認識を一致させた上で「今こうなってしまっていてギャップがある。よってこれが問題ではないかと自分は考えている」という筋道にします。問題の指摘から話を始めてしまうと、どうしても相手は「いや、そんなことはないだろう」と心に壁を作ってしまいがちだからです。

筋道がずれてしまうことが多い例を2つ挙げましたが、**次ページに説明のタイプごとに筋道を立てるための構成パターンを準備しました。**これを参考にして相手の疑問を解消していく筋道を考えてみてください。

〈ある売上報告の筋道〉

**疑問を解消するように筋道を作ろう**

Chapter **4** 話の材料と筋道で9割決まる 123

## 〈活動報告文書の筋道構成〉

| 項目 | | 内容 |
|---|---|---|
| ①目的 | | ・活動の目的<br>・具体的なゴール（目標） |
| ②成果 | | ・活動の結果<br>・得られたものや、目標に対する進捗 |
| ③活動内容 | | ・活動内容<br>・良かった点、悪かった点 |
| ④総括 | | ・活動の評価や改善点<br>・所感 |
| ⑤予定と課題 | | ・次の活動予定<br>・活動を受けての今後の計画や課題<br>・支援をお願いしたいこと |

## 〈解決策提案書の筋道構成〉

| 項目 | | 内容 |
|---|---|---|
| ①あるべき<br>姿と現状の<br>ギャップ | | ・本来のあるべき姿と問題のある現在の状況 |
| ②解決すべき<br>問題 | | ・あるべき姿と現状のギャップを埋めるために解決すべき問題<br>・問題の影響の大きさ |
| ③解決策 | | ・どのように解決するのか<br>・解決のために必要な要件 |
| ④根拠 | | ・ビフォー・アフター比較<br>・信頼性を高める情報（実績・事例など） |
| ⑤進め方 | | ・スケジュール、体制、予算<br>・協力してもらいたいこと |

〈調査報告書の筋道構成〉

| 項目 | | 内容 |
|---|---|---|
| ①目的 | | ・どのような仮説を検証するための調査なのか |
| ②方法 | | ・どのように検証したのか<br>・調査の方針、手順、対象・範囲、環境 |
| ③結果 | | ・仮説に対しての検証結果 |
| ④結論 | | ・調査結果から得られた示唆<br>・次のアクションの方向性 |

〈企画提案書の筋道構成〉

| 項目 | | 内容 |
|---|---|---|
| ①企画の<br>　意義 | | ・目指すべき姿、コンセプト<br>・企画の必然性（なぜこの企画が必要なのか） |
| ②企画概要 | | ・企画の具体的な内容 |
| ③予想効果 | | ・効果試算 |
| ④進め方 | | ・スケジュール、体制、予算 |
| ⑤想定リスクと<br>　対応策 | | ・想定される事態とその対応案 |

**Chapter 4** 話の材料と筋道で9割決まる　**125**

# 6

 緊張を
やわらげたい
 理解して
もらいたい
 適切な言葉で
伝えたい
 要領良く
こなしたい
 **説得したい**
 ミスを
防ぎたい

## 説得力を生む一次情報と二次情報を探そう

### ▶ まずは二次情報を探そう

　メッセージやストーリーに説得力を持たせるためには根拠となるデータや情報が必要です。とはいえ、言いたいことにぴったりの情報は簡単には見つかりません。**限られた時間や予算の中で探すには、情報の探し方を知っているかどうかがカギになります。**

　まず情報は、一次情報と二次情報があります。一次情報とは独自調査をして収集したオリジナルデータのことです。二次情報とは一次情報を加工や編集をして解釈したデータです。どちらが必要かは資料で伝えたいメッセージにもよりますが、集める時間や費用にも限りがありますので、闇雲に探し回っていてもなかなか見つからないということになってしまいます。社内にある情報以外では、以下のような公開情報を探すことになります。

> **よく使用する公開情報**
> ・新聞、雑誌、書籍
> ・リサーチ会社やシンクタンクのレポートや白書
> ・大学や研究機関の論文
> ・政府機関や公益法人のレポート
> ・政府の統計情報

　費用はインターネットや図書館で得られるものはほとんどが無料です

が、ニュース記事の一部や記事検索サービスなどは有料のものもあります。専門性の高い図書館などでの閲覧や複写なども有料です。かけられる費用の制約を踏まえて活用できる情報を探します。

〈主な二次情報の探し方〉

### ① Google 検索

まずは思いつくキーワードで検索し、検索結果を眺めながらキーワードをさらに見直しながら繰り返します。大きく捉えてから、徐々にキーワードを絞ったり、逆にいくつか組み合わせたりすることで絞り込んでいきます。調査機関の報告書であればそのまま引用できますが、記事やブログなどから見つけ出したデータは必ず引用元のデータを参照しましょう。

Google　https://www.google.com

### ②新聞・雑誌の記事検索

一般紙、経済紙、業界紙などの記事検索は日経テレコンやG-Search、@nifty ビジネスなどがあります。これらは有料ですが、会社で契約している場合もありますので確認してみましょう。業界紙はかなり詳細な情報が入手できます。雑誌の場合には、バックナンバーを購入する他、定期購読していれば Web で読むこともできます。

日経テレコン　http://telecom.nikkei.co.jp
G-Search　https://db.g-search.or.jp
@nifty ビジネス　https://business.nifty.com/

### ③国会図書館「リサーチ・ナビ」

どうしても欲しいデータが見つからない場合には国会図書館のリサーチ・ナビというサービスを活用してみましょう。キーワードを入れて検索結果を表示すると「調べ方」というタブが出てきます。これは国会図書館が調べ方のノウハウや情報源などをまとめたものです。

リサーチ・ナビ　https://rnavi.ndl.go.jp/rnavi

### ④ Amazon で書籍検索

Amazon で調べたいワードを入力すると関連テーマを知ることができます。著者はそのテーマの見識者ですので、さらにネットで著者名を検索すれば見解を得ることができます。

Amazon　https://www.amazon.co.jp

## ▶一次情報も考えてみる

どうしても二次情報が見つからない場合には、独自調査で一次情報を集めます。以前はリサーチ会社にアンケートやインタビューなどを依頼すると数十万円の費用が必要でしたが、最近ではGoogleフォームやLINE、Facebook、Twitterなどで簡易アンケートが取れます。

またセルフ型リサーチサービスを使えば1万円程度である程度の母数のアンケート調査が可能です。アンケート設問設計、モニターへの周知、回収、集計・分析を自分でウェブサイト上で行うのです。1万円程度の費用が認められる場合でしたら、リアルな意見を短時間で回収できるので活用を検討してみましょう。

Survey Monkey、Questant、Fastaskなどが有名です。Survey Monkeyは無印良品が素早く顧客の声を集めるツールとして活用しています。10問で100サンプルまでであれば無料、制限なしの年間プランでも5万円とかなり安価なサービスですから会社として登録してもらってもよいでしょう。

無料調査で済ませるか、お金をかけて調査するのかは、そのプレゼンでの意思決定後にどれだけのヒト・モノ・カネ・時間などが投入されるかによって決まってきます。例えばある商品企画で検討候補に入れるかどうか判断するレベルであれば、お金をかけない簡易調査で済ませてもよいですが、本格的に商品化する、市場参入計画を立てるとなったら、投資が大きいため有料でも精度の高い調査をする必要があるわけです。

私もコンサルタントとして提案活動をしている際に、どうしても二次情報が見つからないときや、新しいテーマの仮説を立証したいときなどは独自調査を行いました。集計した数値だけではなく、生の声をそのまま資料に入れることでリアリティーを感じてもらうことができました。

やはりユーザーや顧客の生の声というのは資料に説得力が生まれます。ここぞという企画のときには独自調査も考えてみましょう。

〈Web リサーチの流れ〉

- アンケートを作成する → モニター（回答者）を集める
- アンケートを配信する → モニターがアンケートに回答する
- 集計・分析する

〈セルフ型リサーチサービス〉

セルフ型リサーチサービス：
独自にアンケート調査を行うときに使える機能を提供するサービス

**リサーチサービス例**

- アンケート設問の作成ツール
- SNS やホームページなどでの配信
- モニターの用意
- 集計と分析ツール

### 安価なセルフ型リサーチサービス

| 名称 | 概要 | URL |
|---|---|---|
| Survey Monkey<br>SurveyMonkey | アメリカ企業が提供するサービス。質問のテンプレートが充実している。10問までのアンケートなら無料プランで作成可能 | https://jp.surveymonkey.com |
| Questant<br>Questant<br>クエスタント | マクロミルが提供するサービス。メールや SNS の他、QR コードでもアンケートが取れる機能がある | https://questant.jp/?Qcid=SL-MM |
| Fastask<br>Fastask | 「一太郎」で有名なジャストシステムによるサービス。回収状況をリアルタイムで確認できるのが特徴。オンライン上で見積もりを取れる | https://www.fast-ask.com |

Chapter 4　話の材料と筋道で9割決まる

# 7

# 情報の一軍、二軍を決めよう

## ▶「あれもこれも……」はゼロ以下になってしまう

「いつも時間切れになってしまう」という方は自分が持つ情報の全てを伝えたいという気持ちが強いのだと思います。しかしそれは、「全部伝えておけば（私が）安心」という自分本位な考え方からきているか、もしくは「何が相手にとって重要かわからないから全部伝えよう」という考えで情報を取捨選択できないかのどちらかではないでしょうか？

**たくさんの情報を説明すれば相手に全て理解してもらえるかというと実はそうではありません。**私はスピーチ力向上の研修講師をしているのですが、自己紹介のワークを何度か繰り返していくと徐々に自信がついてきて、次第に自分についてたくさん話せるようになる方がいます。

一見成功しているようですが、「こういう仕事で、以前は……プライベートではあれとこれが趣味で……」と情報量が増えるにつれ、他の受講者の方からは「あまり印象に残らなかった」という反応が増えるのです。

自己紹介は自分を印象付けることが目的なのに、話しすぎるとかえって印象が薄くなってしまうわけです。自己紹介であれば「自分はこういう人間だ」という軸に沿った情報だけを選んで話す必要があります。

報告や説明でも100伝えると、10くらいしか伝わらないか、むしろ「よくわからなかった」とゼロ以下になってしまうかもしれないのです。

## ▶情報の一軍と二軍を決める

そうならないために、まずは伝えるべき情報を必須の一軍と、時間が

あれば伝える二軍に分けます。**一軍と二軍の判断はピラミッドで考えた主張と根拠だけが一軍で、それ以外の関連情報は二軍です。**根拠を厳選することが一軍と二軍を分けるということになります。

分けたら一軍は資料の本編に入れ、二軍は参考資料として別添えにします。一軍は持ち時間より10〜15分少ないくらいの分量にします。質問を受けたり、討議をしたりする時間を確保するためです。1時間の報告で1時間ぎりぎりに言い終わるくらいの目一杯の情報量では必ず時間切れになります。時間が余ることを心配されるかと思いますが、説明がかなり上手い人以外たいていは時間オーバーになるので大丈夫です。**相手が特別に興味を持ったときに限り、二軍の情報を使って「補足ですが、〇〇の詳細はこちらです」と説明します。**

二軍の情報は相手から問われない限りは特に話さないと決めておきましょう。特に結論が出てから、「そういえば……」「実は他にも……」「また別の観点では……」などと別の情報を出すのは相手を混乱させてしまいます。「今決めたことは何だったのか？」「他に検討すべきことがあるのか？」と、せっかくいたった結論に不安が生まれてしまいます。もし時間が余ったのであれば、結論を最後に繰り返してしっかりと認識してもらうとよいでしょう。重要なメッセージは何度か繰り返して伝えてもよいのです。余計な一言は相手を混乱させるだけだと考えましょう。

〈一軍と二軍の情報の違い〉

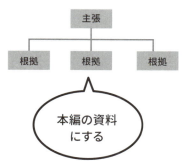

Chapter **4** 話の材料と筋道で9割決まる

緊張を やわらげたい
 理解して もらいたい
 適切な言葉で 伝えたい
 要領良く こなしたい
 説得したい
 ミスを 防ぎたい

# 相手がリアルに想像できる表現をしよう

▶ 「わかる」には2種類ある

　相手がイマイチわからなさそうな様子だと、つい説明を増やしてしまいがちです。しかし2章6項でお伝えしたように、相手に日本語として意味が通じてないことはほとんどありません。

　実は「わかる」には2種類あります。「意味がわかる」と「意義がわかる」です。よく「言ってることの意味がわからない」と言いますが、その場合、意味が伝わっていないというよりは、「それって自分にとってはどういう意義があるのか理解できない」ということを言っています。ですから、相手にとっての意義（価値）をきちんと説明する必要があります。

　**相手にとっての意義を説明できるようになると、納得感が生まれるので、説明はとても理解してもらいやすくなります。**

〈わからないと言われたら考えることは2つ〉

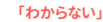
「わからない」

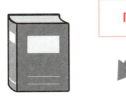

言葉の**意味**を説明する　　　相手にとっての**価値**を説明する

## ▶相手にとっての意義を説明するためのマジックワード

　心の中で「つまりこれはあなたにとって」と唱えるだけで相手にとっての意義を簡単に考えられるようになります。

　例えば「このプリンターは史上最小最軽量です（意味）」と説明した後に「つまりこれはあなたにとって」と考えてみてください。自然と「袖机においても全く邪魔にならず、持ち運びも便利ですよ（意義）」などの意義が考えられるようになります。

> **意義の説明例**
>
> 「当商品は開発に5年を費やしました（意味）。
> **『つまりこれはあなたにとって』** 十分な裏付けを取ったので、お客さまのご要望は完全に網羅されております（意義）」
>
> 「利率○％の高利回りな金融商品です（意味）。
> **『つまりこれはあなたにとって』** 月にもう1回ゴルフに行けるのでお得ですよ（意義）」

〈意義を伝え忘れないための公式〉

## Column

# ストーリー作りには悪役が必要

　ストーリー作りはプレゼンの中でもとても難しいものです。単に「これがいいですよ」と言うだけでは相手の興味を引くことはできません。**私がストーリーを考える際に意識していることは、物語のように悪役を考えることです。** 物語には話の展開の中に悪役が存在します。明確に悪役として存在することもあれば、主人公の心の弱さや抱いている不安などが乗り越えるべきものとして描かれることもあります。

　企画や提案のプレゼンの中での悪役とは、わかりやすいところで言えば競合他社や競合製品です。私は競合の提案をリサーチして予測し、そのカウンターとなる提案ストーリーを考えます。あからさまに非難すると逆に信頼を落としてしまうので、「この点に気を付けていない改革案はリスクがありますよ」とやんわりと競合の提案を無効化するのです。明らかな競合がいない場合には、従来製品の不備なども悪役として使えます。「今までの製品にこんな不満がありませんか？」などと言うことで提案する新製品の悪役にするのです。

　明確な悪役がいない場合には、相手の不安を悪役にします。「こういう事態になってしまったらどうしよう」という恐れや「どうしていつもこうなってしまうのだ」という怒りなども乗り越えるべき悪役です。

　悪役を仕立て上げる意味は一緒に倒すべき仮想敵を作り、相手に自分が味方であると思ってもらうことです。物語には悪役を一緒に倒す仲間がいます。その関係になるのです。**仲間とは信頼関係があるので、提案や企画も通りやすくなりますし、仮に実施した後に困難な状況になったとしても、一緒に解決していけるというメリットがあります。** プレゼンする相手と自分を敵ではなく、仲間という関係にするために悪役登場のストーリーを考えてみてください。

# Chapter

# 5

## Q&A の準備で
## アドリブも怖くない

Chapter **5** の概要

# 会場からの質問に頭が真っ白

商談のためにプレゼンを担当することになった。冒頭は機材トラブルに遭い、最後は会場からの鋭い質問に頭が真っ白。ある人の質問は長すぎて意図が読み取れないし……。どうしたらいい？

# こんな悩みはありませんか❓

☐ 質問が苦手でできれば避けたい

  ┈➤ **質問は攻撃ではなく理解を深める機会と考えよう**（5章1項）

☐ いつも想定外の質問で頭が真っ白になってしまう

  ┈➤ **20個の質問シミュレーションで乗り切れる**（5章2項）

☐ とっさにどう答えていいのかわからない

  ┈➤ **まずは質問を「答えるかどうか」で仕分けよう**（5章3項）

☐ 考えがまとまらないので回答がしどろもどろになってしまう

  ┈➤ **答えを考える時間を確保しよう**（5章4項）

☐ 質問の受け方や答え方が良かったのかどうかが不安

  ┈➤ **質問の受け方からまとめまでの型を知ろう**（5章5項）

☐ 意地悪な質問や答えにくい質問で立ち往生してしまう

  ┈➤ **相手の意図に合わせて対応を決めよう**（5章6項）

☐ プロジェクターがつながらない！　パニックになってしまった……

  ┈➤ **事前確認とトラブル対応を準備しておこう**（5章7項）

☐ 人事に頼まれた会社説明会での座談会のフリートークが怖い

  ┈➤ **司会進行とパネリストは役割を認識しよう**（5章8項）

## 本章のゴール

**あなた** ┈➤ 質疑応答の時間が怖くなくなる

**相手** ┈➤ あなたに誠実で堂々とした人という印象を抱く

**Chapter 5**　Q&Aの準備でアドリブも怖くない　**137**

# 1

 緊張を
やわらげたい
 理解して
もらいたい
 適切な言葉で
伝えたい
 要領良く
こなしたい
 説得したい
 ミスを
防ぎたい

# 質問は攻撃ではなく
# 理解を深める機会と考えよう

## ▶ 質疑応答もプレゼンの一部

「質疑応答は苦手」「質問を受け付けずにプレゼンを終わらせたい」……そのように質疑応答を考えている人は多いと思います。これは質問＝攻撃や非難と考えているからではないでしょうか？　私がこれまでお会いした外国人スピーカーたちは、質問がないととてもがっかりしていました。つまり「質問は興味の証し」だと考えているのです。

**実際、私たちがある商品を購入しようかと迷っているときには、いろいろな疑問が出てきて調べたり聞いたりします**よね。逆に興味がなければ話を聞いてもあまり疑問は湧かないでしょう。質疑応答の役割は、相手の理解を深めて、プレゼンのゴールに近づけることです。

## ▶ 質疑応答を乗り切る 4STEP

ただし、質問に即興で答えるのは難しいものです。相手に納得してもらえる回答の仕方を知っている必要もあります。質疑応答を実りある時間にするためのステップをご紹介しましょう。

### STEP 1　質疑応答の時間を決める

　**説明と質疑応答の時間の黄金バランスは 2:1 です。**例えば30分が持ち時間であれば「説明時間 20 分＋質疑応答時間 10 分」という時間配分が目安です。長すぎると思うかもしれませんが、質問だけでなく意見交換、ディスカッションの時間も入れるとちょうどよいでしょう。

## STEP 2　質疑応答の準備をする

　実はプレゼンが上手い人も質問と回答は入念に準備しています。当日の質問が思い浮かばない方は5章2項で、5つのタイプの質問を洗い出してみてください。たとえ悪意がなくても、答えにくい質問もありますので、そういったときの対応の仕方は5章6項をお読みください。

## STEP 3　質問を仕分ける

　ここからは質問への回答の仕方です。まずは答えるべき質問と流すべき質問を見極める必要があります。流すべき質問に時間を取られたり、うっかり言わなくてもよいことを話してしまったりすることにもなりかねません。質問の仕分け方は5章3項、わかりにくい質問への対処法は5章4項で詳細を説明します。

## STEP 4　回答して理解浸透させる

　質疑応答では回答しておしまいではなく、相手が納得してくれたのか、理解をしてくれたのかを確認します。プレゼンのゴールに導くことを意識しましょう。5章5項でそのイメージをご紹介します。

　この4つのステップですべきことが明確になれば、当日までの準備もはかどり、自信が湧いてきて自然と緊張もやわらぐでしょう。

〈4STEPでゴールに近づける〉

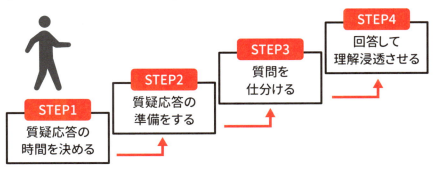

## 2

# 20個の質問シミュレーションで乗り切れる

### ▶想定質問の準備もプレゼン準備のうち

「本来答えるべきなのに答えられない……」この失敗はできるだけなくさなくてはいけません。想定外の質問をなくすには、まずはどんな質問がくるのかを想定しなくてはいけません。しかし、話しベタな人は話す内容には力を入れても、質問対策まではなかなか気が回らず、想定外の質問にあたふたしてしまうことが多いのではないでしょうか？

**質問対策は時間があったらやるということではなく、実は必ずやるべきことです。**理由は質問と回答を考えることはプレゼン本編の内容を深めることにもつながるからです。プレゼンでは相手の疑問をしっかりと解消しなければ説得することはできません。相手の質問を考えられないということは相手の疑問を解消できない可能性が高いのです。プレゼンは相手の疑問を解消するものだと考えると想定質問の準備は必須だと言えます。

〈プレゼンの役割〉

## ▶「5つのタイプ×4つの質問」で想定質問を用意する

私はコンサルタントとして提案や報告を行う際には、プロジェクトメンバーと相手の方がしそうな質問や、こういう疑問を持つのではないかということをできるだけたくさん洗い出しました。

大規模なプレゼンのときは100個くらいの質問リストを作り、回答を準備しましたが、普段はそこまで質問を考えなくても大丈夫です。質問は5つのタイプに分けることができます。**タイプごとに最も気になりそうなことを4つずつ、合計20個の質問を考えておきましょう。**

この5つのタイプで考えておくことで、想定外の質問を洗い出しやすくなります。自分視点だけだと盲点ができてしまうからです。

**1つ目は「意味を確認する」タイプの質問です。**これは説明内容について理解できないことを聞くためにされます。この質問は理解できないことを確認するための質問ですから、できるだけ単純化して答える必要があります。単に説明を繰り返すのではなく、できるだけ単純に一言で回答しましょう。

**2つ目は「根拠を求める」タイプの質問です。**主張に対しての理由や根拠を求めるときにされます。また、説明した根拠に納得できない際にもさらなる根拠を求めて聞かれます。具体的な数値や情報を提示して根拠の確かさを伝えます。権威ある人の説得力のある発言などを参照してもよいでしょう。

**3つ目は「具体例を引き出す」タイプの質問です。**主張や説明が曖昧でイメージが湧かないときに具体例を聞いて納得するためにされます。イメージをしっかりと伝えてリアリティーを感じてもらうのがポイントです。シーンが目に浮かぶような描写や相手の立場に置き換えた例などを話しましょう。

**4つ目は「別の角度から検証する」タイプの質問です。**主張が正しいかどうか判断できないときに違う状況だとどうなるのかを検証するためにされます。様々な角度で検証することが求められています。違う角度

で見たときに違いがあるのかないのか、共通していることは何なのか、当てはまるのか当てはまらないのかを明確に回答します。

**5つ目は「意義を問う」タイプの質問です。**主張自体の意義や価値を問われる質問です。企画や提案全体の価値を問われています。誰にとってどういう価値があるのかを一言で答えられるようにしましょう。表に質問の例と答え方のイメージを挙げているので参考にしてください。

〈よくある質問と答え方の例〉

| 質問のタイプ | 質問 | 答え方 |
|---|---|---|
| **意味を確認する** | 「〇〇という概念の意味を説明してください」「このやり方を説明してください」「このデータはどういう傾向ですか？」「〇〇機能の使い方が理解できません」 | 「一言で言うと〇〇です」「簡単な表現にするならば〇〇です」 |
| **根拠を求める** | 「〇〇と言える理由は何ですか？」「どうしてその結論になったのですか？」「その主張の背景にある根拠は？」「根拠が弱いので、その点を補足説明してください」 | 「具体的には〇％という結果が出ています」「〇〇調査によると顧客の意向は前年と大きく変わっており、これはこのケースでも当てはまります」「〇〇部門の業務担当者に確認したところ、〇〇が最も課題であるとおっしゃっていました」 |
| **具体例を引き出す** | 「具体的にはどういうことですか？」「例えばどういうことですか？」「抽象的なので具体的に説明してください」「具体的な進め方を教えてください」 | 「まず顧客には〇〇をしていただき、その後……」「この企画では業務が〇〇になる状態を目指しています」「初めの1か月では〇〇を行い、その結果にしたがい、3つの進め方から1つを選択します。2か月目以降は……」 |

| 質問のタイプ | 質問 | 答え方 |
|---|---|---|
| 別の角度から検証する | 「〇〇は□□だけでなく、△△とも考えられないでしょうか？」<br>「△△の観点で考えると〇〇はどう理解すればいいですか？」<br>「その企画案はこれまでと同じように感じます。新規性は何ですか？」<br>「〇〇とは何が違うのですか？」 | 「その観点で考えると〇〇は共通ですが、△△の点は異なります」<br>「△△のケースではこの考え方は当てはまりません」<br>「これまでの企画と比較した新しさは〇〇です」 |
| 意義を問う | 「この企画の価値は何ですか？」<br>「この案は顧客にどう役立ちますか？」<br>「この報告にはどういう意味があるのですか？」<br>「メリットは何ですか？」 | 「お客さまにとっては〇〇の課題を解決できます。そして、わが社にとってこの企画を実行することは〇〇の価値があります」<br>「この報告は〇〇プロジェクトでどのような成果があったのかをお伝えするものです。当部門にとっては〇〇の点で大きな改善が見られました」 |

## ▶質問をスライドに仕込んでリハーサルをする

　ここまでに洗い出してきた5つのタイプの質問は、想定される回答を考えて、質疑応答リストにしておきます。また、説明中に質問されそうな場合は、**関連するスライドのノート部分にも書いておくと慌てずに回答できます。**バタバタとリストを確認しなくても回答しやすくなるのでおすすめです。

　質疑応答は即興で行うものではありません。落ち着いて答えられるように想定問答を準備した上で、できればリハーサルで誰かに質問してもらい、答え方を確認しておきましょう。私も重要な提案や報告会の前には、上司や同僚にお客さま役になってもらい、質疑応答のリハーサルをしました。そこまでやっておくと自信を持ってプレゼンに臨めます。

**Chapter 5**　Q&Aの準備でアドリブも怖くない　143

# 3

 緊張を
やわらげたい
 理解して
もらいたい
 適切な言葉で
伝えたい
 要領良く
こなしたい
 説得したい
 ミスを
防ぎたい

## まずは質問を「答えるかどうか」で仕分けよう

### ▶ 4つの対応方針がある

　**質問を受けると頭が真っ白になってしまう方も多いと思いますが、初めにすることは「質問を仕分ける」ことです。**全ての質問に対して全力投球で答えていると脱線した挙句、時間切れになってしまうこともあります。答えるべき質問かどうかを見極めた上で対応方針を決めるとスムーズです。

　最初に質問を大きく2つに分けます。プレゼン内容に関係していてしっかりと答えなくてはいけない質問と、答えられなくても構わないという質問です。次にその2つに対して、自分がすぐに回答できるのか、回答できないのかを判断します。すると右ページの図のように4つの対応方針が決まります。

　**プレゼンや会議の時間は限られていますので、答えられなくてもよい質問に振り回されて時間を取られないようにすることが大切です。**自分の興味の向くままに関係のない質問をする人や、質問に見せかけて自分の話を聞かせたい人もいます。これらの人への対応に時間をかけすぎることは、プレゼンのゴールを達成できないリスクになります。

　まずは仕分けてどれくらい時間を割くのかを判断しましょう。もし、相手の質問が理解できない、答えられそうだけど時間がかかる場合には、次項を参考に答える時間を確保してください。

<質問の仕分け方>

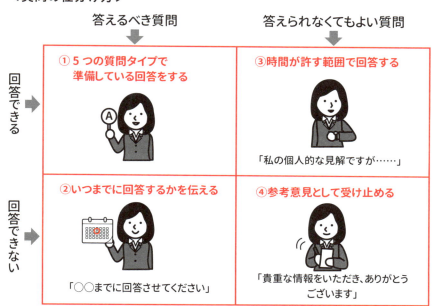

### ❶ 5つの質問タイプで準備している回答をする

①の領域は前項で想定した5つのタイプの質問です。全てしっかりと回答を準備し、しっかりと相手が納得する回答をしましょう。ここで回答できるかどうかは、プレゼンや説明の成功にも関わってきますので、しっかりと準備した上で堂々と回答しましょう。

### ❷ いつまでに回答するかを伝える

②の領域は本来①と同様に準備しておいて答えられなくてはいけない質問ですが、残念ながら準備していないため答えられないと判断したものです。本質をついた想定外の質問や、正確な情報を尋ねる質問など、すぐに答えられないことを聞かれた場合が当てはまります。この場合は苦し紛れに回答すると墓穴を掘ることになるかもしれないので、「このご質問には〇〇までに回答させてください」と期日を述べた上で相手の連絡先を聞いて早めに回答するようにしましょう。

Chapter 5　Q&Aの準備でアドリブも怖くない　145

### ❸時間が許す範囲で回答する（脱線しすぎない）

③は相手が自分の興味本意で内容にあまり関係のないことを聞いてきたり、決定には直接関係ない詳細なことを聞いてきたりした場合です。時間が許すのであれば、自分の意見などを回答として述べてもよいでしょう。時間がない場合には、「その件については別途情報をお送りします」「それについては、別途お時間をいただいて説明しますね」と切り上げるようにしましょう。

### ❹参考意見として受け止める

④は質問というよりも、自説を述べたいだけという場合です。例えば「僕はあの案件ではこうしたんだけどね」「自分が以前担当した顧客は〇〇でね……」など自分の話を聞いてほしいような場合です。この質問に見せかけた自説披露の場合には、早めに切り上げます。あくまでも参考意見として受け止める程度でよいでしょう。

## ▶ 回答しない場合は感謝で受け流す

③や④のような質問に答える場合やこの質問や意見は長そうだと判断した場合でも、あまりにそっけない回答は NG です。相手に反感を持たれてしまうので、気持ちよく引き下がってもらえる対応をしましょう。

> **丁寧な受け流し例**
> 「貴重な情報をいただき、ありがとうございます」
> 「新しい気付きをいただきました。ありがとうございます」
> 「もし、そのようなことが起きたら相談させてください」

このように、相手からもらった情報を認めた上で感謝して、その話を切り上げるようにします。

話しベタな人は、話すのが苦手ということに加え、相手のペースに巻

き込まれてしまうことも多いと思います。**プレゼンでは質疑応答までを含めて全体の流れをコントロールする責任があります。**

　ちなみに、ゴールに近づく質問が相手から出てくるのが理想ですが、質問が出ないことも多いです。その場合には、自分で想定質問をよくある質問として話し、自分で回答するという手があります。

> **自分でゴールに近づける質問と回答例**
> 「よくこのようなご質問をいただくのですが、御社ではいかがですか？この場合にはこちらのスケジュールだと円滑に進められます」
> 「〇〇についてのご懸念があると思います。今回の企画ではそのリスクを〇〇で対応するよう織り込んでいます」

　相手に意思決定してもらうなどの望ましいゴールに向け、想定質問の準備の段階で、この質問は出なくても答えると決めておくとよいでしょう。

〈ゴールに導く質疑応答〉

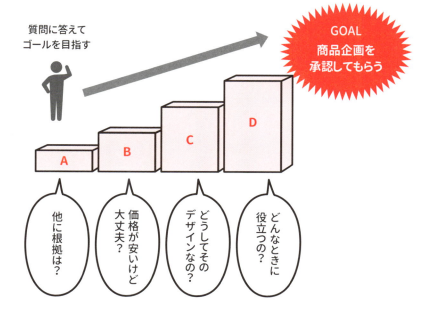

Chapter **5**　Q&Aの準備でアドリブも怖くない

緊張を
やわらげたい
 理解して
もらいたい
 適切な言葉で
伝えたい
 要領良く
こなしたい
 説得したい
 ミスを
防ぎたい

# 答えを考える時間を確保しよう

### ▶すぐに答える必要はない

　答えられる質問であっても、とっさに答えをまとめるのは難しい場合もありますね。そのようなときに「すぐに答えなくては！」と焦ってしどろもどろになってしまうと、回答内容が良かったとしても、何だか自信のない印象になってしまいます。**質疑応答は相手とコミュニケーションすることで信頼を勝ち取るための時間でもあります。**

　せっかくの機会を活かしきれないのはもったいないことです。

### ▶質問を理解する時間を稼ぐためのテクニック

　私はコンサルタントとして働いていたときに、先輩や上司から「質問にすぐに答えようと焦るのはやめなさい。しっかりと回答を頭の中でまとめてから話すように」と指導されました。そのときに「とはいえ沈黙が続いたら不自然ですよね？」と聞いたところ、考える時間を稼ぐやり方を教えてもらったのです。その中でも、特に実践しやすい時間の稼ぎ方をご紹介します。

**❶質問を繰り返す**

　相手の質問を繰り返しながら、回答を考えます。「今のご質問は〇〇ということをお聞きになっているということであってますか？」「ご質問は〇〇の目的は何かということでよろしいですか？」など相手が言ったことをそのまま繰り返します。

**単純に繰り返すのではなく、別の言い方をして意図を確認してもよいでしょう。**「ご質問の意図を確認させてください」「質問を整理させてください。今おっしゃったのは〇〇ということでしょうか？　それとも……」と言いながら、回答を考えます。

　相手の意図をしっかりと確認することにもなりますし、意図を誤解したまま的外れの回答をするのを防ぐことにもつながりますので、すぐに答えられる場合でもやってもよいでしょう。

〈相手の質問を整理する〉

➡ 時間稼ぎ＋質問内容を理解できる

❷状況や背景を質問する

　質問者に対して質問返しをします。**質問に対してより詳細な情報を求めたり、なぜその質問が出てきたのか背景や気持ちについて聞いたりします。**「もう少し状況を教えていただけますか？」「そのご質問は何を懸念されていますか？」など状況や背景について聞いてみましょう。

　これは単なる時間稼ぎではなく、より的確に答えるためにも役立ちます。この質問をすると「実は〇〇という企画が以前あってこういうトラブルがあったので……」「対象部門の人が今こういう状況なので……」などいろいろな情報を得ることができます。

　それを知らないまま焦って答えると「そういうことではなくて……」とさらに質問されてしまったり、相手が納得にいたらないままで終わってしまったりすることもあります。

じっくりと状況や背景を確認することで「そのケースでしたら、○○です」「不安に思われるのはもっともです。その対応策としては……」など相手の不安を払拭するような回答ができます。

〈質問で返す〉
状況や背景を確認する

➡ **時間稼ぎ＋具体的に答えられる**

❸**他の参加者に振ってみる**

なかなか回答がまとまらない場合には、他の参加者に「皆さんも同じことをお考えですか？」などと聞いて反応を見ます。また自部門や同じ会社のメンバーが同席している場合には「○○さん、どうですか？」と振ってみて、**上手く答えてくれればよしとし、答えが的外れだった場合には、それを訂正したり補足したりしていきます。**

〈周りに聞く〉
仲間や他の聞き手に振る＋訂正・補足する

➡ **時間稼ぎ＋代わりに一部を答えてもらえる**

質問は瞬発力を問われると思いがちですが、拙速すぎてはきちんとした回答ができず、消化不良なコミュニケーションになってしまいます。苦し紛れに回答する前に自分が質問をしっかりと理解し、回答を準備する時間を確保しましょう。

## ▶何度聞いても相手の質問がよくわからない場合

**ここまで紹介した①から③は、いくつか組み合わせても大丈夫です。**質問を繰り返し、背景や状況を整理した上で、他の人に振ってみるのです。かなり難易度が高い質問の場合には①から③の合わせ技にしてみてください。

①、②をやってわからない場合、他の人が「それはつまりこういうことを聞きたいのではないでしょうか？」と説明してくれることもあります。

しかし、残念ながらこの合わせ技を駆使しても相手の質問そのものが難しすぎて、参加者を巻き込んでも理解できないことがあります。あまりにも専門的な内容の場合や、その人のかなり稀かつ複雑なケースで前提情報を把握していない場合などです。その場合には、時間切れになってしまわないように**「しっかりと理解したいので後でお話をうかがわせてください」と伝えてその話題をいったん切り上げます。**

また、答えにくい質問は本論からずれていることもよくあります。プレゼンの最後をその質問で終わらせると、本当に伝えるべきことよりもそちらが印象に残ってしまうことになりかねません。**最後の質問が本論から外れたものであった場合には、もう一度伝えるべき主張を繰り返してプレゼンを終わらせるようにしましょう。**

**Chapter 5** Q&Aの準備でアドリブも怖くない **151**

# 5

 緊張を
やわらげたい

 理解して
もらいたい

適切な言葉で
伝えたい

要領良く
こなしたい

 説得したい

 ミスを
防ぎたい

# 質問の受け方から
# まとめまでの型を知ろう

### ▶ 質疑応答はツカミとオチで流れを作る

　相手の質問にしっかりと答えたつもりでも何だか微妙な空気が流れている……そんな場合にはもしかすると相手が回答に納得していないかもしれません。**質疑応答は答えておしまいではなく、相手が納得して不安が払拭されることがゴールです。**質疑応答の流れを意識することでゴールを達成しているかどうかがわかります。流れとして意識するのは「ツカミとオチ」です。お笑いのようですが、まずはツカミとして質問をしっかりと理解して受け止めた上で、オチとして相手が腹落ちしているか、納得しているかを確認します。

　**まずは「感謝」で質問をつかんでください。**すぐに回答するのではなく「ご質問ありがとうございます」と受け止めます。鋭い質問の場合で内心は大慌ての場合でも顔には出さないようにして「いい視点のご質問をいただきました」と、感謝で質問を受け止めます。これによって質問をした方も気分が良くなりますし、余裕のある自分を印象付ける効果もあります。

　**オチとしては、回答が終わったら、相手が答えに納得しているかどうかを確認しましょう。**「ご不明点はございますか？」「ご質問の答えになっていますか？」と聞いて確認します。相手が満足していれば次の質問に移ってよいでしょう。

　最後はまとめとして、質問と回答を要約します。「今いただいたご質問は〇〇で、それについては△△です」と質問と回答を繰り返すことで、

理解を深めてもらいます。また、質問がかなり脱線気味の場合や細かすぎる内容だった場合には、「今のご質問は○○のケースでしたが、基本は××だとご理解ください」というふうに重要なキーワードや基本方針に立ち戻ってまとめましょう。その質疑応答で終わってしまうとプレゼンの印象として、メッセージよりも質疑応答の内容の方が強く記憶されてしまいます。**流れとしては、「感謝→回答→腹落ち確認→まとめ」という順を意識すると理解が深まります。**

〈質疑応答のツカミとオチ〉

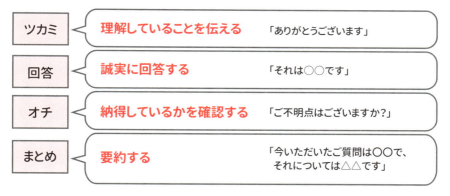

## ▶質疑応答でどうしても納得してもらえない場合は？

納得していない場合には、首をかしげていたり、眉根がよっていたりと必ずサインが出ています。そのような場合には「今の回答で何かご不明な点や懸念点はありますか？」と確認しましょう。時間内にどうしても納得してもらえなさそうだと判断した場合には①後日回答とする、②改めてもう一度説明する機会をもらう、③終了後に個別に話すなど対応を決めて相手に伝えます。

自分ではなく相手のことを考えられるようになると質疑応答も徐々に苦ではなくなってきます。相手の安心した顔を見られることをゴールとして質疑応答を締めくくりましょう。

# ⑥ 相手の意図に合わせて対応を決めよう

### ▶ 意地悪な質問は試されている

　意地悪な答えにくい質問は誰でも嫌ですよね。**私は提案プレゼンなどでよく圧迫面接のような質問を受けることがありました。**「これやる意味あるの？」「全然価値を感じないんですけど」などの質問です。私も当時はかなり傷つきましたが、先輩や上司に「立場上やっていることがほとんど。試されていると考えて」とアドバイスされました。ある業界では初対面でのこういったマウンティングがお決まりと言われていました。

　気分の良いものではありませんが、わかっていればショックも軽減できるのではないでしょうか？　ただし、試す以外の目的であることもあるので、**相手の意図に応じた取るべき対策をご紹介しましょう。**

**①プレゼンする人を試そうとしている質問**

　冒頭のようなあえて答えにくいことを聞く相手は、あなたの反応を見ています。これに対しては「意地悪なふりをしているんだな」と思うことが大切です。相手は簡単に提案や企画を通してしまうと上司から怒られてしまうのかも……と想像すると大らかな心で答えられます。**ここでは怯まないことが求められていますので、余裕の笑みを見せましょう。**

**②不安や懸念が背景にある質問**

　①と違って心配から出てくる質問です。相手の嫌な経験や知り得た悪い情報から不安になっていることが考えられるので、「状況を教えてくだ

さい」「懸念点を詳しく教えてください」など相手の背景を聞きましょう。

### ③明らかに悪意がある場合

「どうしてこんなに株価が低迷しているのですか？」「このデータはミスリードではないですか？」などやり込めようという質問です。この場合にはいったん質問を抽象化して受け止めます。「株価の傾向についてのご質問ですね」「データについてのご質問ですね」と広く受け止めた上で回答します。反論せずに、聞かれたことへの全体的な説明にとどめます。

## ▶意地悪な質問への３大NGリアクション

意地悪な質問に対してついやってしまいがちですが、**「ムッとした表情をする」「反論して言い負かす」「沈黙してしまう」ことは、おすすめしません。**①の質問をする相手にムッとした表情はもちろん逆効果ですし、②の相手ではどの反応でも不安が増します。特に③の相手を反論して言い負かすと関係がかなり悪化し、敵を生み出すことになります。

笑顔で受け止めるだけでも十分効果的ですが、事前に「一番聞かれたくないこと」への答え方を用意しておきましょう。

〈意地悪な質問への正しい対応〉

| | | |
|---|---|---|
| ①プレゼンする人を試そうとしている質問 |  → | **笑顔で余裕を見せる** |
| ②不安や懸念が背景にある質問 |  → | **「懸念点を詳しく教えてください」と背景にある情報を確認する** |
| ③明らかに悪意がある場合 |  → | **「○○についてのご質問ですね」と抽象的な概要を説明する** |

# 7

緊張を
やわらげたい

理解して
もらいたい

適切な言葉で
伝えたい

要領良く
こなしたい

説得したい

**ミスを
防ぎたい**

# 事前確認とトラブル対応を
# 準備しておこう

## ▶ まずはトラブル事前チェック

やはりトラブルを起こさないためには事前に環境を確認しておくことにつきます。できれば事前に会場で広さやレイアウトを確認したり、スクリーンに投影したりしてトラブルが起きないようにしておきましょう。以下のチェックリストを参考にしてください。

〈トラブル防止チェックリスト〉

### Check! 聞き手
- ☐ 参加人数
- ☐ 位置付け
（意思決定者、キーパーソンなど）
- ☐ 誰を見て話すのか？

### Check! 会場
- ☐ 会議室や会場の大きさ
- ☐ 座席レイアウト
（対面、スクール型、コの字型など）
- ☐ アイコンタクトの仕方
- ☐ 立ち位置
- ☐ 声の大きさ
- ☐ 説明の仕方

### Check! 資料
- ☐ 投影できない場合の対処法
- ☐ 投影画像の見やすさ
- ☐ 配布資料の部数
- ☐ 配布資料の見やすさ

### Check! 機器・備品
- ☐ プロジェクター接続アダプタ有無
- ☐ ポインター／クリッカー有無
- ☐ マイク有無
- ☐ 接続チェック
- ☐ マイクチェック

## ▶ トラブルが起きた場合の対処法を決めておく

事前準備ではトラブルを完全に避けることはできません。どれだけ落ち着いた対応ができるのかもプレゼンのうちだと思って対応策を考えましょう。

私はコンサルタントの駆け出しの頃に、接続ミスでスクリーンに投影できないというトラブルが起きたことがあります。そのときに小走りで対応していたところ、先輩から「慌てた様子を見せるとお客さまが不安になるから落ち着いて」と注意されました。**トラブル対応は迅速にしなくてはいけませんが、慌てふためいてしまっては逆効果です。**

以下によくあるトラブルと対処法の一例を挙げます。

●**プロジェクターが接続できない**
紙の配布資料をもとに「○ページのグラフをご覧ください」などと説明する
紙がなければホワイトボードにキーワードなどを書いて説明する
●**持ち時間を短くされた**
もともとの時間の半分以下の場合には別途時間を取ってもらう
全部説明せず、資料のキースライドだけを説明する
●**配布資料に印刷ミスがあった**
画面を見ながら説明し、後程訂正版を送る
●**投影した資料が見えにくい（文字が小さい、色が見えにくい）**
画面を指差しながら、どこに何が書いてあるかを丁寧に説明する

このような状況で一番やってはいけないのが焦ったりイライラした態度を取ったりすることです。**これらのトラブルが起きたからといって、プレゼンが失敗するわけではありません。**プレゼンの成否はこの状況でどんな対応を取るかで決まります。落ち着いて乗り切れるよう「もしこうなったら……」を考えておきましょう。

緊張を
やわらげたい

 理解して
もらいたい

 適切な言葉で
伝えたい

 要領良く
こなしたい

 説得したい

 ミスを
防ぎたい

# 司会進行とパネリストは役割を認識しよう

## ▶ 司会の役割は3つある

　会議やイベントなどで司会を頼まれると憂鬱ですよね。しかし、司会は実は脇役です。参加者が主役だと思えば、少し気がラクになるのではないでしょうか？　司会で意識しなくてはいけない役割は「タイムキーパー」「舵取り」「ムードメーカー」の3つです。

　タイムキーパーとして、**会議やイベントは時間通りに終わらせなくてはなりません。**全体の時間割・進行表は事前に作っておきましょう。進行開始時に議題ごとにかける時間を言っておくと参加者も協力してくれます。時間が押したときは、思い切って「あと5分で終了時刻です。まとめと今後の確認に移ります」のようにカットインします。ただし、必ず相手を立ててからカットインするようにしましょう。

　**ゴールに向けての舵取りも重要な役割です。**全員が参加しているかどうか、脱線していないかどうか、1人が会話を独占していないかどうかには、常に気を配って軌道修正しましょう。

　**司会は場の雰囲気を左右する存在でもあります。**参加者が意見や質問を出しやすくなるように、始まりは笑顔でいつもよりワントーン明るめの声で始めることが望ましいです。また参加者がよい機会だったと思えるように、前向きな締めの言葉を用意しておきましょう。

## ▶ パネリストも準備がものを言う

　司会ではなく、就活セミナーや技術セミナーのパネリスト（登壇者）

を頼まれることもあるでしょう。司会者や他のパネリストから急に話題を振られるので、質疑応答と同様に準備がものを言います。

　パネリストとして指名された場合の準備についてご紹介します。

　**まずは全体のテーマ、進行に加え、自分に期待される役割を主催者などに確認しましょう。**話す内容と時間、参加者の期待、質問の順番、他のパネリスト、プロジェクター操作の有無などできるだけ詳細に確認しましょう。主催者も当然成功させたいので、協力してくれるはずです。

　**話す内容や質疑応答の準備はもちろん必要です。**参加者にとってパネルディスカッションはプレゼンよりも様々な立場の人の肉声や本音を聞ける場です。特に重要なのは、自己紹介と具体的なエピソードや事例です。自己紹介は30秒から1分程度でよいので、自分の専門性や重要視していることを具体的に話せるように準備しておきましょう。

　また、**他のパネリストへの質問を準備しておくとフリートークもより活発になり、主催者にも参加者にも喜ばれます。**事前に主催者に他のパネリストのスライドを見せてもらうのも手です。意見を言うときには共通点については同意してから自分の話を続けるとよいでしょう。反対の意見を持っている場合には、「〇〇さんのご意見はとても勉強になりました」など相手を立てた上で自分の意見を言います。

　パネリストを頼まれるということは、この人の話をみんなに聞かせたいと思われている証しです。自分の考えや見解を事前にまとめておくことでフリートークも怖くなくなります。

〈司会とパネリストの役割〉

**司会に求められること**
- 終了時刻の厳守
- 舵取り
- 発言しやすい環境作り

**パネリストに求められること**
- 主催者や聞き手が抱く期待の把握
- パネリストごとに異なる具体的な話ができること
- 討議を活発にすること

Chapter 5　Q&Aの準備でアドリブも怖くない

## Column

# プレゼン失敗のショックから
# 抜け出す方法

　プレゼンで失敗したときにはすごく落ち込みますよね。実は以前の私はかなり失敗を引きずるタイプでした。しかし、失敗の捉え方を変えてからは落ち込むことも少なくなり、次第に失敗もなくなってきました。

　どう捉え方を変えるかというと「失敗＝ダメなこと」ではなく、「失敗＝学び」だと考えるのです。**話しベタな人は失敗すると、「やはり自分は向いていない」と自分に考えがいってしまいがちですが、失敗は誰にでも起こります。**

　具体的には「状況」「行動」「結果」の3点セットで振り返りをします。どんな状況で、何をしたら、どういう結果になったのかを次の例のように洗い出します。

　状況：いつも参加している社内会議で発表順が回ってきたときに
　行動：慣れている場だからと寄せ集めで説明資料を準備したところ、
　結果：何を言いたいのかわからないと言われてしまった

　状況：お客さまへの報告プレゼンで、数値のミスを指摘され、
　行動：慌てて言い訳してしまった
　結果：その後の説明も質問攻めになってしまった

　このように振り返りをすることで、次の行動として「慣れている機会でもストーリーボードだけは作ろう」「まずは謝罪して対応を話して安心してもらってから次の話に移ろう」などと取るべき行動が見えてきます。自分を責める時間を学びの時間に変えることで、失敗のショックから抜け出すことができるのです。

# Chapter

## 6

資料作りは
これだけ押さえれば OK

# Chapter 6 の概要

## やっと完成させた資料なのにダメ出しされた

時間をかけた資料なのに「よくわからない」と言われてしまった。色付けし、イラストも入れて、言いたいことを全て盛り込んだのに何でわからないんだろう？

# こんな悩みはありませんか？

☐ どこから作りはじめたらいいのか迷う

⋯➡ **ストーリーボードで二度手間をなくそう**（6章1項）

☐ 真っ白なパワーポイント、どこに何を書いたらいいのかわからない

⋯➡ **4つのスタイルで効率良く進めよう**（6章2項）

☐ 資料がごちゃごちゃして見づらいと言われた

⋯➡ **1スライド1メッセージにしよう**（6章3項）

☐ どのグラフにしたらいいのかわからない

⋯➡ **基本の4つのグラフを使おう**（6章4項）

☐ 図でまとめようとしてもやり方がわからない

⋯➡ **図解はパターン化して使い回そう**（6章5項）

☐ センスのいい色使いができない

⋯➡ **色は基本2色で十分**（6章6項）

☐ イラストや画像を使いたいけど何を選べばよい？

⋯➡ **イラストは用途によって使い分ける**（6章7項）

---

## 本章のゴール

**あなた** ⋯➡ 資料作成の二度手間がなくなり、時間をかけずに済む

**相手** ⋯➡ 資料を見てあなたの言いたいことをわかってくれる

**Chapter 6** 資料作りはこれだけ押さえればOK

# 1

緊張を
やわらげたい
理解して
もらいたい
適切な言葉で
伝えたい
要領良く
こなしたい
説得したい
ミスを
防ぎたい

# ストーリーボードで二度手間をなくそう

## ▶資料作成は準備時間の 1/3 程度の時間で

「プレゼン準備＝資料作成」というくらい資料作成にかかりきりになる方は多いと思いますが、プレゼンの準備時間の全てを資料にかけてしまうとあまり良いプレゼンにはなりません。

本書で紹介したメッセージやストーリー作りや、それを伝えるリハーサルに時間をかけた方がプレゼンの成功確率は高まります。資料作成は1/3の時間で済ませ、資料の間違いを探す最終チェックや、テスト印刷などを行いましょう。気持ちの上でもミスをなくす上でも賢明です。

## ▶作成時間を劇的に短くするストーリーボード

資料をいきなりパワーポイントで作りはじめる方も多いですが、これは思いの外時間を取られます。パワーポイントは機能が多いため、それらをどう使うのか迷ってしまうからです。**作業効率の観点から言って、考える時間と作成する時間は分けた方が効率的です。**パワーポイントは作成ツールなので、考えながら作るということには向いていません。

ではどうするかと言うと、パワーポイントに向かう前に資料の構成案を手書きで書く、ストーリーボードを作成します。全体の構成や各スライドのイメージをノートなどに書いてみましょう。**ストーリーボードを書いてから作成するとそうでない場合と比較して大体半分以下の時間で作成できます。**時短して残った時間はしっかりとリハーサルに使いましょう。

### ▶ストーリーボードに含めるもの

　ストーリーボードには下図の7種類のスライドを含めて①〜⑦の順で構成します。

〈プレゼン資料の構成〉

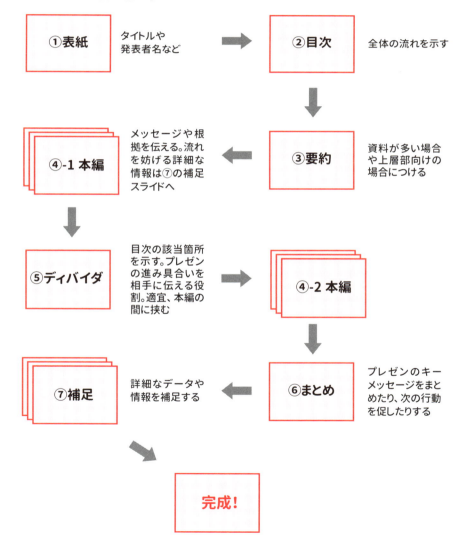

## ▶ストーリーボードの作成手順

　では、ストーリーボードの作成の仕方をご紹介します。ストーリーボードには映画の絵コンテとほぼ同様にプレゼンの流れとスライドイメージを書きます。メッセージや情報を制限時間に合わせて、どんな順番で伝えていくのか、どんなビジュアルにするのかを考えて手書きで構成を表現します。ノートやホワイトボードでもよいでしょう。また付箋1枚をスライド1枚として書くと順番の入れ替えなどが容易にできます。

　**ストーリーボードには、表紙や目次スライドは入れなくても構いません。**ディバイダスライドは本編の枚数が多い場合には区切りをわかりやすくするために入れてもよいでしょう。

　ストーリーボードを作らずに手元にあるスライドを組み替えて資料を作ろうとすると、手元にある情報に引っ張られてしまいます。話が飛んでいることに気が付かなかったり、逆に必要のないスライドをそのまま入れてしまったりと、ストーリーがしっかりと考えられなくなるのです。既存の資料を使い回すのがいけないわけではなく、あくまでもメッセージが伝わる流れを考えてから、既存の資料で活用できるものを組み込むようにしましょう。

　ストーリーボードの枚数の目安ですが、持ち時間が30分くらいであれば、**「タイトル」スライドや「ディバイダ」スライドを除いた「本編」スライドを10枚以内にしましょう。**社外向けプレゼンなどは背景を共有していないため枚数が多くなりますが、20枚を超えると内容を記憶するのが難しくなってきますので、本編スライドの枚数は絞り、補足スライドにして質問が出たときなどに見せるようにします。

　手書きストーリーボードにはキーメッセージやグラフ・図などのビジュアルを具体的に書いていきます。書いた後、口頭で説明して流れがいいかどうか確認するとパワーポイントで作成した後やリハーサルをしてから作り直すという手戻りが防げます。

〈手書きストーリーボードの完成例〉

**本編1** "脱メール"ワークスタイル

**本編2** アプリケーション比較結果

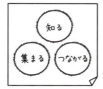

**本編3** 展開ロードマップ

**本編4** SNS活用イメージ Before/After

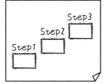

**本編5** 推奨アプリケーションの導入実績

**本編6** マスタースケジュール

**本編7** 投資対効果試算

**本編8** 運用懸念事項と解決策

**本編9** 体制案・コスト見積もり

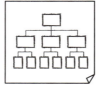

Chapter **6** 資料作りはこれだけ押さえればOK

## 2

緊張を
やわらげたい
理解して
もらいたい
適切な言葉で
伝えたい
**要領良く
こなしたい**
説得したい
ミスを
防ぎたい

# 4つのスタイルで
# 効率良く進めよう

### ▶ わかりやすいスライドにはスタイルがある

　パワーポイントは自由度が高いため、適当に文字やビジュアルの配置を変えてしまうと、統一感がなくなり、見づらくなってしまいます。

　私が勤めていた外資系コンサルティング会社では、資料作成用スタイルガイドが毎年配布されていました。本編スライドのメッセージラインやグラフの配置、色使いなどが指定されており、迷わずに作成できました。**社内で共通の指定がない場合は、自分でスタイルガイドを作っておくと時短になります。**次の4つのスタイルガイドの例を参考にしてください。

### ❶基本レイアウト

　最も一般的なレイアウトはタイトル、メッセージ、ボディを並べたかたちです。スライドでも配布資料でも使えるスタイルです。タイトルの下に数行のメッセージラインを配置するため、口頭で説明しなくても理解してもらいやすいスライドになります。

### ❷結論で締めるレイアウト

　状況を説明してから最後に結論を述べたい場合に使いますが、下にメッセージラインがくると遠方から見づらいというデメリットもあります。

### ❸グラフ重視のレイアウト

　インパクトのあるグラフを説明したい場合に向いています。グラフは

168

シンプルにした方が効果的です。

## ❹演出重視の質問と回答レイアウト

　質問を提示して、回答を大きく表現するレイアウトです。相手の興味を引きつけることができますが、プレゼン時は紙資料を配布せず、アニメーションで答えを見せるなどの演出が必要です。
　レイアウトは1つのプレゼン資料内ではできるだけ統一し、配布資料にはメッセージラインを入れた方が確実に伝えることができます。

〈よく使う4つのスタイルガイド例〉

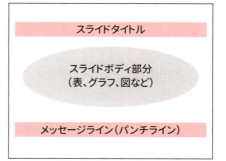

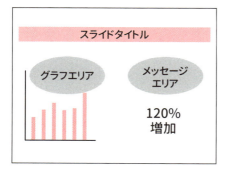

3 緊張をやわらげたい / 理解してもらいたい / 適切な言葉で伝えたい / 要領良くこなしたい / 説得したい / ミスを防ぎたい

# 1スライド1メッセージにしよう

## ▶1スライドに情報を盛り込みすぎない

　プレゼン資料の枚数を減らそうと思うとつい1枚のスライドにたくさん書き込んでしまいがちです。私は企業の企画書や提案書の添削のお仕事もいただくのですが、たいていの方は書き込みすぎてしまっています。研修の依頼者は「ごちゃごちゃしていて言いたいことがわからない」「説明内容がどこに書いてあるのかがわからない」という、ほぼ同様の評価をしています。1スライド1メッセージにする必要があるのです。

　例えばイベント報告の場合、よくあるのはイベント概況について伝えたいのに、詳細な表や細かい文字やイベントの写真……と情報が1枚のスライドにてんこ盛りになっている状態です。

　本当は、**1枚のスライドいっぱいに強調したい部分を大きく拡大して見せた方がメッセージは伝わります。**

## ▶表にはひと工夫を加える

　表は情報量が多い元データのため、1枚のスライドに多用しない方がよいでしょう。表をそのまま貼り付けると、メッセージを読み取る負荷を相手にかけてしまいます。**表から伝えたい情報を抜粋してグラフにするか、スライドを分けてメッセージを強調する表現にしましょう。**また写真などもつい貼り付けたくなりますが、小さい写真ではメッセージが伝わらずごちゃごちゃ感が増すばかりです。あふれた必要な情報は、別途資料として添付するようにしましょう。

〈1スライドから3スライドへ分ける〉

○○イベント報告

| イベント開催年 | 来場者 | 男女比 |
|---|---|---|
| 2016 | 3450人 | 45:55 |
| 2017 | 4502人 | 46:54 |
| 2018 | 4705人 | 45:55 |
| 2019 | 5020人 | 44:56 |

| 人気店 | 来場者数 |
|---|---|
| A商店 | 830人 |
| B体験コーナー | 726 |
| Cプレミアム | 465 |

アンケート結果

■満足 ■やや満足 ■普通 ■やや不満足 □不満

1スライドにメッセージが多すぎるので分割する

イベント来場者数

| イベント開催年 | 来場者 | 男女比 |
|---|---|---|
| 2016 | 3450人 | 45:55 |
| 2017 | 4502人 | 46:54 |
| 2018 | 4705人 | 45:55 |
| 2019 | 5020人 | 44:56 |

約46%増加！

人気テナントランキング

| 人気店 | 来場者数 |
|---|---|
| A商店 | 930人 |
| B体験コーナー | 626 |
| Cプレミアム | 465 |

A商店の特別展示が人気

満足度調査

アンケート結果

7割が満足している！

■満足 ■やや満足 ■普通 ■やや不満足 □不満

## どうしても1枚で伝えたい場合は…

### イベント概況

約46%増加
イベント来場者数

A商店の特別展示が人気
人気テナントランキング

7割が満足している
アンケート結果

情報量を減らしてグラフにすれば、1枚でも相手の負荷を軽減できる

緊張を やわらげたい
 理解して もらいたい
 適切な言葉で 伝えたい
 要領良く こなしたい
 説得したい
 ミスを 防ぎたい

# 基本の4つの グラフを使おう

## ▶ 全て使いこなす必要はない

　パワーポイントやエクセルのグラフのタイプは20種類近くありますが、全部使いこなす必要はありません。とはいえ「いつでも棒グラフしか使わない」ということでは、数値に対する誤解を生んでしまうこともあります。**まずは、基本となる4つのグラフタイプを覚え、それぞれの特徴を理解した上で、複合的なグラフにチャレンジしましょう。**

❶**連続した量を比較する「縦棒グラフ」**
　売上データを時系列で見せるなど最も一般的な使い方。横軸は年月や期など連続する時間軸、縦軸は量を表す軸

❷**変化の推移を表す「折れ線グラフ」**
　縦軸は変化を表す数値で、横軸は時系列。棒グラフとの大きな違いは、変化の度合いを見せるためのものなので、縦軸の基点は必ずしもゼロにする必要はない

❸**ランキングを表す「横棒グラフ」**
　横棒グラフは縦棒グラフを横にしただけのものではなく、同じ属性のものを順位付けして見せるもの。ランキングのため、縦軸の要素の並び順が変動する

❹**内訳を表す「円グラフ」**
　円グラフはデータの内訳を示す。面積や角度は比較が難しいため、複雑なデータ比較には向いていない

〈基本となる4つのグラフ〉

### ①縦棒グラフ

連続した特定の量を表す

- 縦軸は量を表す数値
- 横軸は時間や変化する要素
- 基点はゼロ

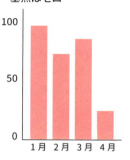

例：A社年間売上

### ②折れ線グラフ

物事の変化の傾向を表す

- 縦軸は変化を表す数値
- 横軸は時系列
- 基点は必ずしもゼロではない

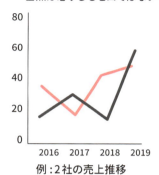

例：2社の売上推移

### ③横棒グラフ

同じ属性項目の順位付けや比較を表す

- 縦軸は比較項目
- 横軸は順位や比較を表す数値
- 基点は必ずしもゼロではない

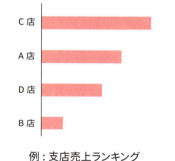

例：支店売上ランキング

### ④円グラフ

内訳を表す

- 内訳の割合を面積で表す
- 推移比較には向かない

例：A事業売上内訳

## ▶グラフ作成の共通ポイント

**エクセルやパワーポイントのグラフ機能で作成したら、プレゼン用に手直しが欠かせません。**数値や文字が小さく、不要な情報が多いためです。以下は全グラフ共通の加工ポイントです。これをやるだけでもグラフはグッと見やすく伝わりやすいものになります。

### ❶目盛線は最低限にする

プレゼンの場合は、詳細なデータよりも、数値の傾向を見せることが求められています。よって目盛線は最低限にとどめましょう。

### ❷文字を大きく見せる

作成したままのグラフには全情報が載っているため、文字や数値がかなり小さい状態です。以下は数値を大きく見せるポイントです。

- **・目盛軸：数値全てではなく、区切りの良い数値だけにする**
- **・データラベル：強調したいデータラベルを大きく表示する**
- **・項目名：読めるように大きさを変える**

### ❸立体表現にしない

グラフは数値を長さ、傾き、面積などで表現するものです。数値のインパクトを正しく伝えるのに、立体表現は適していません。立体表現にすると、例えば棒グラフでは基点がずれてしまって長さの比較がしづらくなり、円グラフであれば角度や面積にゆがみが生じてしまいます。

### ❹見せるデータを選ぶ

手元にあるデータを全て見せると場合によってはメッセージが伝わりにくいものになってしまいます。10年分の推移を全て見せた方がよいのか、直近5年に絞った方がよいのか、5年おきで見せるべきなのかなどデータを選ぶこともわかりやすいグラフには必要です。次のページから

は、4つの基本グラフごとに作成のポイントを見ていきましょう。

〈グラフ作成の基本ルール〉

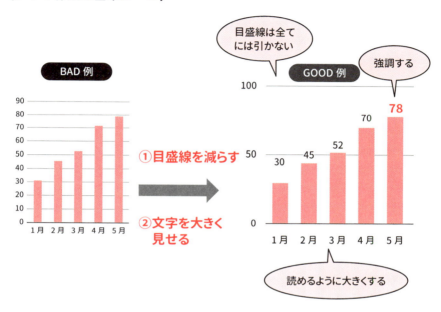

Chapter 6　資料作りはこれだけ押さえればOK

## ▶縦棒グラフは無意識の印象操作に要注意

**縦棒グラフは棒の高さで比較するので、ゼロから始めるのがルールです。**恣意的に基点をゼロ以外から始めると棒の面積が正しく把握されず、データの印象操作につながります。

縦棒グラフの棒は基本的には連続した同じ要素を表しているので原則は全部同じ色にしますが、データの意味が違うのであれば変える必要があります。図のように4月のデータが見込値である場合に、3月までの実績値と同じ色付けにしてしまうと、この数値も実績値だと誤認される恐れがあります。4月のデータだけ、色を変えて実線ではなく点線にすることで予測値であることがわかりやすく表現できます。変更したいデータを選択し、「データ要素の書式設定」で線や色を変えます。

〈縦棒グラフ作成時のルール〉

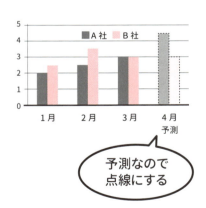

## ▶円グラフは利用場面が限られる

実はコンサルティングやリサーチを専門とする会社の一部では「円グ

ラフ使用禁止」という会社もあるくらい、使用にあたっては注意が必要なグラフです。使用禁止の理由は、円をカットした面積や角度では正確な数値を把握しにくいからです。**データ項目が少なく、メッセージが単純である場合に利用しましょう。**多色使いをせず、同色グラデーションにすること、そして角度と面積がゆがむ立体表現は避けましょう。

　また、内訳の推移などを示す場合には円グラフを並べるのではなく、積上げ棒グラフを並べた方が比較しやすいでしょう。

〈円グラフ作成時のルール〉

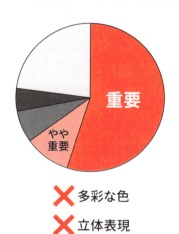

### ▶折れ線グラフは目盛線の設定に要注意

　折れ線グラフは線の傾きがメッセージを表現するため、目盛線の設定が重要です。よって、**縦棒グラフのように基点をゼロから始める必要はありません。**目盛軸が大きな数値の場合に基点をゼロから始めてしまうと変化が見えなくなってしまいます。とはいえ、目盛りを細かく取りすぎると微細な変化を非常に大きな変化があるかのように錯覚させてしま

います。**やりすぎない目盛りの目安としては、折れ線の傾きがグラフのタテの長さの3分の1から2くらいに収まる設定です。** ただし、「停滞している」、「横ばいである」ということを強調したいのであれば、あえて目盛りを大きい数値で取って、下の方で伸びていない折れ線になるよう設定することもあります。あくまでもメッセージの表現内容によって目盛りを調整しましょう。

　グラフ共通の作成ポイントで目盛線は最低限にすべきだと説明しましたが、折れ線グラフの場合には、**目盛線の他にマーカーと呼ばれる四角や三角の記号なども削除した方が見やすい**です。また特に見てほしいデータは線を太く設定すると視線が集まります。

　折れ線グラフの線はデフォルト設定だと細かすぎます。作成している自分では十分に見えていても、プロジェクターで投影した場合には細い線は見えづらく、弱々しい印象になってしまいます。**全ての線を太めにした上で、特に強調したいデータの線はさらに太い設定にすると力強く、見やすいグラフになります。** グラフは特にインパクトを重視すべきですから、こういったひと手間を心がけてください。

　ちなみに、見せたい推移データが1つだけの場合には折れ線グラフではなく、棒グラフにしましょう。線が1本だけだといくら線を太くしても、インパクトが弱いからです。棒グラフにすることで量と推移の両方がわかります。複数データの推移を比較する場合は折れ線グラフ、単一データの場合には縦棒グラフと覚えておいてください。

〈折れ線グラフ作成時のルール〉

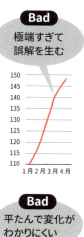

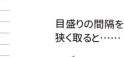
目盛りの間隔を狭く取ると……

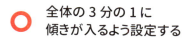
全体の3分の1に傾きが入るよう設定する

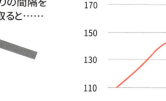

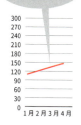

目盛りの間隔を広く取ると……

○ マーカーと目盛線をカットし、強調したいデータにフォーカスする

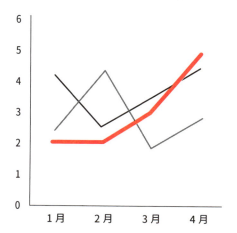

✕ 標準で作成した状態

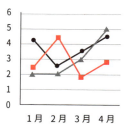

Chapter 6　資料作りはこれだけ押さえればOK　179

## ▶横棒グラフは項目を並べ替える工夫を

縦棒グラフと異なり、**横棒グラフの項目の並び順は基本的に順位に応じて変えます。**例えば、各営業支店の売上を示すとき、縦棒グラフなら支店名や地域順など決まった順で並べ、横棒グラフであれば売上の多い順で並べるわけです。順位と差の程度がわかればよいので、詳細な目盛線を引いたり、実数値を細かく入れたりする必要はありません。

順位で並べるため「上位、下位のランキングの傾向は何か？」、「格差が出ているところは？」、「上位グループで全体の占める割合は？」など表現したいメッセージに応じた加工や強調をすることが必要になります。**アンケートでは集計結果を設問順で表示するよりも、横棒グラフでランキング順に並べた方が、傾向を示すことができます。**

図の横棒グラフでは、大きな差が出る上位と下位のグループに分けて、意味を明示した方が意図を伝えることができます。

## ▶グラフ選びに慣れたらすべきこと

4つのグラフの使い分けができるようになると、数値で表現したいことはかなりカバーできます。グラフで最も重要なのは数値で表現したいインパクトが伝わるかどうかです。「とりあえず棒グラフかな？」と何となく作成したグラフは、ノイズになってしまうこともあります。量の違いを見せたい、急激な伸びを見せたい、多数の意見を見せたいなど、メッセージを表現できるグラフを選べるようになりましょう。

また、ご紹介したグラフ以外にもたくさんの種類があります。**グラフ選びに慣れてきたら、「こういうインパクトを出したい」という意図に合わせて設定を変えてみましょう。**エクセルのグラフタイプのところに出てくるグラフを選択するボタンを押して、軸の設定を変えてみたり、並び順を変えてみたりすると、グラフの印象がガラッと変わります。

グラフの使い分け・インパクトを意識すれば、たとえ説明がなかったとしてもメッセージが伝わり、相手を動かすことができます。

〈横棒グラフ作成時のルール〉

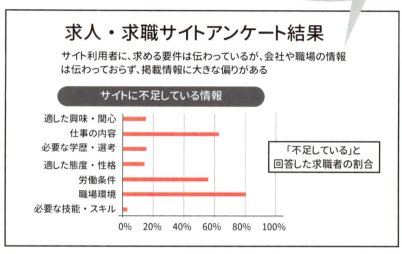

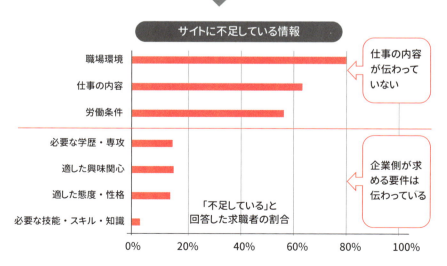

Chapter **6** 資料作りはこれだけ押さえればOK 181

# 5

緊張を
やわらげたい

理解して
もらいたい

適切な言葉で
伝えたい

要領良く
こなしたい

説得したい

ミスを
防ぎたい

# 図解はパターン化して使い回そう

## ▶よく使う図解はパターン化できる

　図解は表や文章だけのスライドよりも情報をわかりやすく伝えることができます。図解と言うと「絵心がないから無理……」という方もいますが、**ビジネスの資料で作る図解は芸術的センスが必要なわけではなく、論理的に情報を整理できるかどうかが重要です**。情報の何を伝えるべきか、その情報の関係性は何かを理解していることが必要で、適当に四角形や丸などの図形に文字を入れて配置するわけではありません。

　図解の初めのステップは何を表現したいのか表現要素を洗い出すことです。キーコンセプト、仕事の進め方、スケジュール、たくさんある情報を整理して見せたい……などまずは表現したいものは何かを決めた上で、相応しい図解パターンを選びます。

　いきなり図解パターンを自分で考えるのはハードルが高いので、よく使われる図解のパターンを知っておくとよいでしょう。これらを使いこなすだけでも、十分情報を整理して伝えることが可能です。使いこなせるようになったら、オリジナルの図解を考えてみてください。

　**プレゼンや発表でよく使われる図解は次ページからの①〜④のパターンがあります。**まず①、②はプレゼンの目玉となる企画のコンセプトを伝える図解です。シンプルで記憶にしっかりと残る図解にしましょう。次の③は量が多く複雑な情報を整理して伝える図解です。表ではなく図にすることで相手が理解しやすくなります。④は進め方や手順などを示す図解です。誰がいつまでに何をするのかを効果的に伝えられます。

## ①プレゼンの目玉を並べて伝える図解

コンセプトや特徴などを並べるものです。

抽象的な概念や関係を伝えるときは、いくつかのまとまりに分けて線や矢印でつなぐ「集合関係の図解」を使い、商品やサービスの特徴などを併記する際はイメージイラストなどと一緒に並べる「並列関係の図解」を使いましょう。

〈コンセプトや特徴を並べる2つの図解〉

## ②プレゼンの目玉を順番をつけて伝える図解

一方向に発展していくものであれば「発展関係の図解」を使い、サイクルを表現したければ「循環関係の図解」、上下関係、ヒエラルキーを表現するのであれば「階層関係の図解」が適切です。

〈流れや上下関係を伝える3つの図解〉

### ③複雑な情報を整理して伝える図解

　情報を分けて配置するときや、因果関係を示すときに使う図解です。「２軸マトリクス」は縦軸に難易度、横軸に効果という軸を設定し、施策などの情報を整理するのに向いています。ツリー状に整理する「ロジックツリー」は、問題点や現象を整理する際に使います。顧客と企業間の商品やお金の流れを整理するには「スキーム図」が向いています。

〈情報の因果関係を考えるときの３つの図解〉

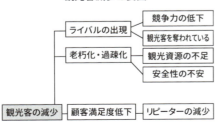

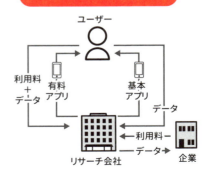

### ④手順や進め方を伝える図解

　仕事の手順や進め方を示すときに使える図解です。期間を見せたい場合には「ガントチャート」で縦軸に仕事、横軸に時間を取り、線の長さで期間を表します。進め方を見せたい場合には「アプローチ図」で仕事の順番を表し、期日は下に三角の図形で示します。各人の役割を示す場合には「フロー図」で、縦軸にヒト、横軸に時間や順番を取ります。

〈手順や進め方を伝えるときの3つの図解〉

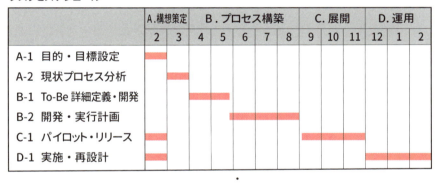

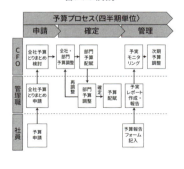

緊張を やわらげたい　理解して もらいたい　適切な言葉で 伝えたい　要領良く こなしたい　説得したい　ミスを 防ぎたい

# 色は基本2色で十分

## ▶カラーリングのルールを決める

　色使いも図解同様"センス"が必要だと思われがちですが、ビジネス資料での**基本的なルールは「ポジティブ色とネガティブ色を決める」「キーコンセプトに合わせたテーマカラーを設定する」の2つだけです。**

　まず、良い情報と悪い情報で使用する2色を決めてください。そして、スライド全般に出てくるコンセプトが複数ある場合はそれぞれテーマカラーを決めます。相手の混乱を避けるため、テーマカラーはコンセプト以外の図解では使わないようにしましょう。

## ▶無彩色を使いこなすワザ

　白、黒、グレーなどの無彩色を使いこなすことで、たくさんの色を使わなくても表現の幅が広がります。

### ①明度でコントラストを出す

　無彩色を使う際には明度（明るさ）を意識しましょう。図のように明度40%のグレーが、背景色の明度で濃くも薄くも見えます。コントラストが強すぎると目が疲れ、淡すぎると弱々しいイメージを与えます。

### ②グラデーションで表現する

　グラデーションは同じ色の明度を変えることで色を多用せずに表現できるテクニックですが、無彩色でも同様に効果的です。

## ③グレーアウトで視線を引きつける

　見てほしい箇所だけに色をつけ、それ以外を無彩色にすることを「グレーアウト」と言います。目次の該当箇所を示す場合によく使われます。

〈テーマカラーの設定方法〉

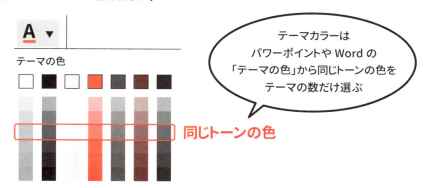

〈無彩色をキレイに見せるテクニック〉

# 7

 緊張を
やわらげたい

 理解して
もらいたい

 適切な言葉で
伝えたい

 要領良く
こなしたい

説得したい

 ミスを
防ぎたい

## イラストは用途によって使い分ける

### ▶まずはテイストを統一しよう

　イラストや写真、画像などは上手く使えばイメージをわかりやすく伝えられますが、多用すると雑然とした印象のスライドになってしまいます。**イラストや画像を選ぶときにはまず、テイストをそろえましょう。**異なるテイストのイラストが並ぶとスライド全体の統一感がなくなります。

### ▶演出効果を意識して使い分けよう

　スペースが空いてるから何となく画像を貼ってみる……ということではなく、**画像やイラストでどんな演出効果を出したいのかを考えて使い分けましょう。**画像の種類別にどんな演出効果を狙うのか活用のポイントをご紹介します。

### ①アイコンはアイキャッチとして活用

　アイコンとは一般にピクトグラムと呼ばれるシンプルで記号のような単色の絵文字のことです。1964年の東京オリンピックで、言葉が通じない外国人にもわかりやすく表現する手法として開発されました。様々な種類のものが無料で入手できます。

　少ないスペースで直感的に理解できるため、アイキャッチの役割が期待できます。文字情報だけだと判別しにくい場合には文字＋アイコンにすると理解しやすくなります。

## ②写真はリアリティーを伝えるために活用

　写真はとても情報量が多いため、リアリティーを与え、感情を揺さぶる効果が期待できます。使い方のポイントは小さい写真を貼り付けるのではなく、スライドいっぱいに拡大して使うことです。テレビや映画のように大写しになることでリアリティーが増します。

## ③イラストは抽象化したイメージを伝えるために活用

　イラストは、写真よりは情報量が落ちますが、アイコンよりは鮮明にイメージが伝わるため、程よい抽象度になります。ただし、イラストはテイストの幅が広く、一口にイラストと言っても図のようにだいぶ異なります。演出効果としてスタイリッシュなイメージを重視したいのか、親しみやすさを出したいのかを考え、それに合ったイラストを選び、1つの資料内では異なるテイストのものは使わないようにしましょう。

〈イラストとアイコンの使い分け〉

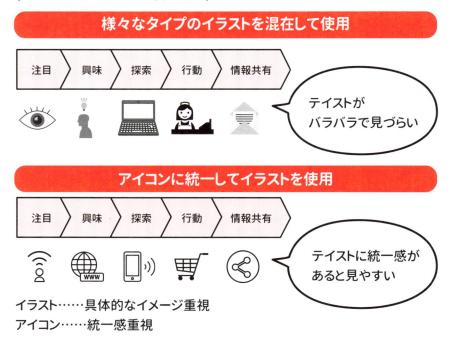

イラスト……具体的なイメージ重視
アイコン……統一感重視

# おわりに

## ▶ 思い切ってプレゼンしてみれば、景色が変わる

　人生は選択の連続です。話すことが苦手で、プレゼンの機会を避け続けているとどうなるでしょうか？　そのときは緊張や恥ずかしい思いをすることを避けられるかもしれませんが、自分の考えや思いは届かず、長い目で見ると自分の位置が思い描いていたよりも後ろの方になってしまっているという望まない結果になってしまうかもしれません。

　**私にとってプレゼンは「一歩ずつ前に出ていくこと」だと思っています。**準備は大変だし、どんな反応があるかわからないけど、一歩前に踏み出すことを続けていれば、いつしか景色が違う場所にたどりついているものだと思います。

## ▶ どんなプレゼンでも失敗しても大丈夫だと思える

　私は、とある重要なプレゼンで緊張マックス状態にあるときに背中を押してくれた一言を今でも覚えています。**「今日のプレゼン、ドキドキの綱渡りだと思ってるでしょ？　でもね、ロープはそんなに高い位置に張られてないんだよ。だからもし落ちたとしても大したことないんだよ」**と言われたのです。その一言で「なるほど！　少しくらい失敗しても大丈夫かも」と気がラクになりました。

　確かに超高層ビルの高さに張られているロープだと思うとドキドキしますが、実は膝くらいの高さだと思えば失敗も怖くなくなります。今思えば暗示ですね。初めは無理して自己暗示していましたが、いつしか本当にそう思えるようになってきたのはプレゼンを諦めずに続けてきたからこその変化だと思っています。

　プレゼンによって世界は確実に変わります。**大げさではなく、どんなプレゼンでも行う前と後とでは自分の世界が変わりますし、話を聞いた**

**相手の方も影響を受けて変わります。**話しベタからものすごい話し上手にならなくても、自分の考えを伝えられさえすれば、世界を変えられるのです。

本書では様々なテクニックをご紹介してきました。

やろうとしたけどできなかった、やったけど上手くいかなかった……そんなこともあると思います。

それでも、やってみたことは大きな一歩なのです。なぜなら、ビジネス書を読んで実行に移す人は1割、それを継続する人はそのうちの1割と言われています。スモールステップを続ているうちに、気が付けば違う景色が見える場所にたどりつくでしょう。

最後まで本書をお読みくださりありがとうございます。少しでもプレゼンに対して気がラクになったと思ってくださったら、とても嬉しく思います。

ひいては仕事が上手く進むようになった、大切なプレゼンが成功した、毎日が楽しくなったということにつながったら、これに勝る喜びはありません。私だけではなく、おそらく、皆さんの周囲の人もハッピーになっているはずです。

「話すことって怖い」から、「話すことって意外と楽しい」を目指して、小さな、しかし実は大きな一歩を一緒に踏み出しましょう。

2019年11月　清水久三子

**清水 久三子**（しみず くみこ）

株式会社 AND CREATE 代表取締役社長。
1998 年にプライスウォーターハウスコンサルタント（現 IBM）入社後、企業変革戦略コンサルティングチームのリーダーとして、多くの新規事業戦略立案・展開プロジェクトをリード。
2005 年に当時の社長から「強いプロフェッショナルを育ててほしい」と命を受け、コンサルティングサービス &SI 事業の人材開発部門リーダーとして 5000 人の人材育成に携わる。2013 年に独立。執筆・講演を中心に、年間 4 冊を超えるビジネス書の執筆や全国での講演・講師活動を行う。2015 年 6 月にワーク・ライフバランス、ダイバーシティの実現支援を使命とする株式会社 AND CREATE を設立。ビジネススクールや大手銀行系の研修提供会社で講師をつとめ、創造性と生産性を向上させるスキルアップのプログラムを提供し、高い集客と満足度を得ている。
著書に、『一生食えるプロの PDCA』（かんき出版）、『プロの課題設定力』『プロの資料作成力』『一流の学び方』（いずれも東洋経済新報社）などがある。

装丁・本文デザイン／石垣 由梨　戸塚 みゆき（ISSHIKI）
DTP ／太田 有美子（ISSHIKI）
装丁・本文イラスト／否アラズ
本文図版／國武 望美

# 話しベタさんでも伝わるプレゼン
## 人見知り、心配性、アドリブが苦手な人でも堂々と発表できる！

**2019 年 12 月 6 日　初版第 1 刷発行**

著者　　　清水 久三子
発行人　　佐々木 幹夫
発行所　　株式会社 翔泳社（https://www.shoeisha.co.jp）
印刷・製本　日経印刷 株式会社

ⓒ 2019 Kumiko Shimizu

本書は著作権法上の保護を受けています。本書の一部または全部について（ソフトウェアおよびプログラムを含む）、株式会社 翔泳社から文書による許諾を得ずに、いかなる方法においても無断で複写、複製することは禁じられています。
本書へのお問い合わせについては、5 ページに記載の内容をお読みください。
落丁・乱丁はお取り替えいたします。03-5362-3705 までご連絡ください。

ISBN 978-4-7981-6238-6　　　　　　　　　　　　　　　Printed in Japan